Langenscheidt

Übungsbuch

Grammatik
Deutsch
Bild für Bild

Das visuelle Übungsbuch für den leichten Einstieg

Langenscheidt

Übungsbuch Grammatik Deutsch Bild für Bild

Projektleitung: Dorothea Leiser
Kreative Umsetzung: Arndt Knieper unter Verwendung des Layouts
von zweiband.media, Berlin
Redaktion: Martin Waller, Werkstatt München – Buchproduktion
Texte: Eva Vitzthum-Angerer, Martin Waller und andere
Corporate Design Umschlag: KW 43 BRANDDESIGN, Düsseldorf
Umschlaggestaltung: Guter Punkt, München
Bildmaterial Innenteil: Bildnachweis S. 224

3. Auflage 2023

© PONS Langenscheidt GmbH, Stöckachstraße 11, 70190 Stuttgart, 2018
Satz: Anja Dengler und Cordula Schaaf, München
Druck & Bindung: Multiprint GmbH, Kostinbrod
www.langenscheidt.com

ISBN: 978-3-12-563183-0

Entdecken Sie das neue Grammatiküben!

Sie möchten Ihre Grammatikkenntnisse entspannt festigen?

Dieses Übungsbuch wurde für Ihre Bedürfnisse ganz neu konzipiert: Die visuelle Gestaltung spricht nicht nur die Menschen an, die gerne mit Bildern lernen. Auch allen anderen hilft sie dabei, sich mit den lockeren Fotos und speziell angefertigten Zeichnungen schnell in die Zusammenhänge hineinzudenken – und vor allem: mit Spaß zu lernen. Denn positive Emotionen sind ganz wichtig: Wer mit Freude bei der Sache ist, kommt schneller ans Ziel!

Jedes Kapitel befasst sich mit einem bestimmten grammatischen Thema. Zunächst werden auf der Doppelseite „Auf einen Blick" die wichtigsten Regeln kurz und übersichtlich dargestellt. Dann folgen die Übungen in verschiedenen Schwierigkeitsgraden, die durch Sterne gekennzeichnet sind:

✹ = leicht, ✹✹ = mittel, ✹✹✹ = anspruchsvoll.

Sie können die Aufgaben gleich schriftlich im Buch bearbeiten und Ihr Ergebnis im Lösungsteil am Ende des Buchs kontrollieren.

Noch ein Tipp: Wenn Sie die Grammatik ausführlich wiederholen oder nachschlagen wollen, greifen Sie doch zu der „Grammatik Bild für Bild" aus der gleichen Reihe.

Wir wünschen Ihnen viel Spaß und Erfolg beim Grammatiküben!

Los geht's!

Inhaltsverzeichnis

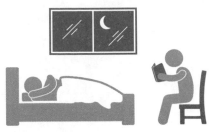

1

Der Artikel

Der bestimmte Artikel

Der unbestimmte Artikel

Der Nullartikel

Der bestimmte Artikel

Der bestimmte Artikel steht vor einem bekannten oder näher bestimmten Substantiv.

der

Kasus	Singular	Plural
Nominativ	der Stift	die Stift**e**
Genitiv	des Stift**(e)s**	der Stift**e**
Dativ	dem Stift	den Stift**en**
Akkusativ	den Stift	die Stift**e**

die

Kasus	Singular	Plural
Nominativ	die Blume	die Blum**en**
Genitiv	der Blume	der Blum**en**
Dativ	der Blume	den Blum**en**
Akkusativ	die Blume	die Blum**en**

das

Kasus	Singular	Plural
Nominativ	das Hemd	die Hemd**en**
Genitiv	des Hemd**(e)s**	der Hemd**en**
Dativ	dem Hemd	den Hemd**en**
Akkusativ	das Hemd	die Hemd**en**

Der unbestimmte Artikel

Der unbestimmte Artikel wird verwendet, wenn das Subjekt etwas Neues bzw.
Unbekanntes bezeichnet oder eine Unbestimmtheit zum Ausdruck gebracht wird.

Kasus	Maskulinum	Femininum	Neutrum
Nominativ	ein Wecker	eine Tasche	ein Buch
Genitiv	eines Weckers	einer Tasche	eines Buches
Dativ	einem Wecker	einer Tasche	einem Buch
Akkusativ	einen Wecker	eine Tasche	ein Buch

Der Nullartikel

Kein Artikel steht bei ...

- ... einem Substantiv im Plural, wenn es im Singular mit dem unbestimmten
  Artikel stehen würde.
- ... Stoffbezeichnungen, Sammelbegriffen und Abstrakta, wenn eine unbestimmte
  Menge bezeichnet wird.
- ... Mengenangaben.
- ... vielen geografischen Bezeichnungen.
- ... Eigennamen.
- ... Berufs- und Funktionsangaben sowie Gruppenzugehörigkeiten (Nationalität,
  Religion usw.).
- ... Unterrichtsfächern und Studiengängen.
- ... einem vorangestellten Genitiv.
- ... Aufzählungen von zwei oder mehreren Substantiven.

1 Ergänzen Sie den bestimmten Artikel. ✳

.... Bücher

.... Haare

.... Fenster

.... Pflanze

.... Stuhl

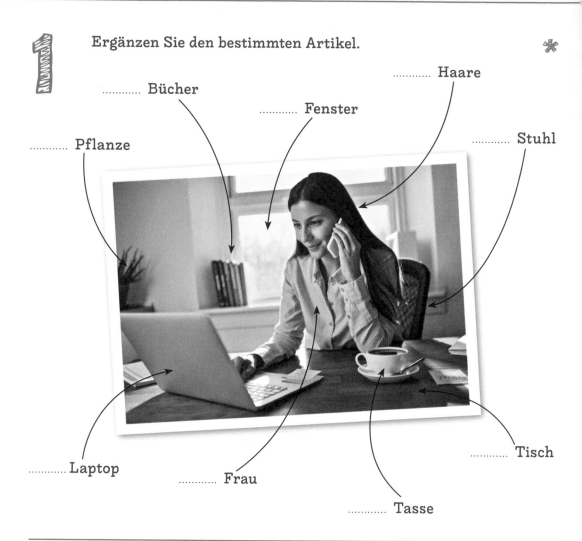

.... Tisch

.... Laptop

.... Frau

.... Tasse

2 Setzen Sie „den", „die" oder „das" ein. ✳

a) Dort steht ein Polizist. ↦ Ich frage .... Polizisten.

b) Das ist eine Rose. ↦ Ich möchte .... Rose.

c) Die Schuhe sind bequem. ↦ Ich nehme .... Schuhe.

d) Wo ist das Auto? ↦ Sie sucht .... Auto.

3 Welche Verschmelzung von Artikel und Präposition gehört in die Lücke?

vom

im

beim

im

am

a) Andrea joggt .... Park.

b) Wir treffen uns .... Italiener.

c) Die Kinder spielen .... Strand.

d) Paul sucht .... Internet ein Fahrrad.

e) Verena kommt gerade .... Essen zurück.

---

4 Setzen Sie den bestimmten Artikel ein. ✳✳

der (2x) des die (3x) den

a) Kannst du mir bitte .... Stadtplan geben?

b) .... Zug nach München fährt um 11.10 Uhr ab.

c) Ich komme heute erst spät von .... Arbeit.

d) Ich muss heute in .... Bibliothek gehen.

e) .... Prüfungen waren sehr schwer.

f) Wo ist .... Zeitung?

g) Die Reparatur

.... Fahrrads war teuer.

5 Markieren Sie den passenden Artikel mit einem Textmarker oder umringeln Sie ihn.

a) Ich habe **einen / eine / ein** Wörterbuch.

b) Claudia hat **einen / eine / ein** Schwester und **einen / eine / ein** Bruder.

c) Ich kaufe **einen / eine / ein** Hose und **einen / eine / ein** Jacke.

d) Angelika schreibt **einen / eine / ein** Brief.

---

6 Verbinden Sie die passenden Satzteile miteinander.

1) Ich bestelle im Café …

2) Martina sieht sich im Theater …

3) Gestern habe ich …

4) Ein Unglück …

5) Danke, aber ich möchte …

a) … kommt selten allein.

b) … keinen Teppich kaufen.

c) …. einen tollen Film gesehen.

d) … eine Vor- stellung an.

e) … eine Tasse Tee und ein Stück Kuchen.

7 Beim Kleidereinkauf. Setzen Sie den richtigen Artikel ein, damit Sie auch bekommen, was Sie wollen.

Ich möchte bitte ...

a) .... neues Kleid.

b) .... extravaganten Hut.

c) .... hübschen Sommermantel.

d) .... modische Sonnenbrille.

e) .... Paar schöne Schuhe.

8 Bestimmter oder unbestimmter Artikel? Ergänzen Sie.

der die das
ein eine (2x)

a) .... Mann von Barbara ist Pilot.

b) Ich brauche .... neue Brille.

c) .... Sonne scheint.

d) .... Telefon klingelt.

e) Ich habe .... Schwester.

f) Das ist .... gutes Wörterbuch.

9 Muss hier ein Artikel stehen oder nicht? Streichen Sie die falschen Sätze durch.

a) Die Maria arbeitet als eine Lehrerin.

b) Das Radio ist kaputt.

c) Mein Cousin hat viel ein Geld.

d) Sabines Mann trägt eine schöne Hose.

e) Der kleine Andreas hat keine Angst vor Spinnen.

Streichen Sie die falschen Varianten durch.

a) Das war mir wirklich
   Freude / eine Freude.

b) Er war außer sich vor
   Freude / eine Freude.

c) Nach dem Studium wurde
   er Lehrer / ein Lehrer.

d) Fragen wir Lehrer /
   den Lehrer, er weiß
   es sicher.

An: maria.vizthum@brona.de

Kopie

Blindkopie

Betreff: Endlich angekommen!

Von: juli_07@dumiaa.de   Signatur: Ohne

**Steht hier ein bestimmter, ein unbestimmter
oder gar kein Artikel?**

Liebe Maria,

ich habe (a) .... neue Wohnung in (b) .... Köln.

(c) .... Wohnung liegt sehr zentral. Ich habe auch

(d) .... Balkon. (e) .... Balkon ist groß und von

dort sehe ich (f) .... Kölner Dom! Ich brauche aber noch

(g) .... Garderobe und (h) .... Bilder. Schick mir

doch (i) .... großes Foto von Dir. Durch diese Stadt

fließt auch (j) .... Fluss, (k) .... Rhein. Das ist

der zweitlängste Fluss Deutschlands. Besuch mich doch mal.

Viele Grüße

dein Julian

2

Das Substantiv

2 Auf einen Blick

Was ist ein Substantiv?
....
Im Deutschen werden Substantive immer großgeschrieben und können
Konkretes oder Abstraktes benennen. Jedes Substantiv zeigt ein bestimmtes
Genus (Maskulinum, Femininum, Neutrum), einen bestimmten Numerus
(Singular oder Plural) und einen bestimmten Kasus (Nominativ, Genitiv, Dativ
oder Akkusativ).

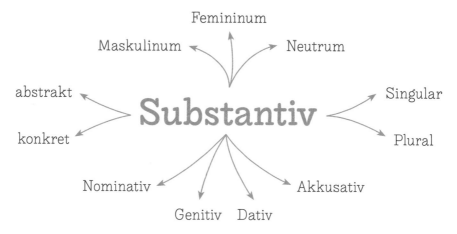

Das Genus
....
Substantive mit maskulinem Genus
• männliche Personen, männliche Berufsbezeichnungen
• Substantive mit den Endungen: **-e, -er, -är, -or, -ör, -ig, -ich, -eur, -ent, -and, -ant,
  -ist, -ling, -ient, -ismus**
• Substantive, die von Verben abstammen
• Tage, Monate, Jahreszeiten
• Himmelsrichtungen
• Niederschläge
• Automarken und Züge
• alkoholische Getränke
• Mineralien und Gesteine

Substantive mit femininem Genus
- weibliche Personen, weibliche Berufsbezeichnungen
- Substantive mit den Endungen: **-e, -ei, -ie, -ik, -in, -ion, -ung, -enz, -tät, -heit, -keit, -schaft**
- Substantive, die von Verben abstammen und die Endung **-t** haben
- Zahlen und Schulnoten
- Schiffe, Flugzeuge, Motorradmarken
- Blumen und Bäume

Substantive mit neutralem Genus
- Substantive mit den Endungen: **-o, -at, -um, -ma, -nis, -eau, -lein, -chen, -ment**
- Substantive, die von Verben abstammen und die Endung **-en** oder **-ing** haben
- Substantive mit der Vorsilbe **Ge-**
- Sprachen
- Substantive, die von Adjektiven abstammen, insbesondere Farbnamen
- geografische Eigennamen, wenn sie ein Attribut bei sich haben

Der Plural

Für die Bildung des Plurals gibt es fünf Endungen:

Teilweise kommt zur Pluralendung noch ein Umlaut hinzu.

Der Kasus

Während der Plural meist deutlich erkennbar ist, so sind die Kasusendungen bei Substantiven heutzutage nur noch in Ansätzen vorhanden – vor allem im Genitiv Singular, vereinzelt im Dativ und Akkusativ Singular sowie im Dativ Plural.

Maskulinum ♂, Femininum ♀ oder Neutrum Ø?
Zeichnen Sie neben jedes Wort das richtige Symbol.

Frau   Operation   Botschaft   Politik

Palme   Buch   Honig   Mensch

Fernseher   Übung   Krankheit   Komma

Brötchen   Musik   Radio   Medikament

Computer   Motor   Kino   Freundschaft

Zeitung   Teppich   Auto   Frühling

Mädchen   Arbeiten   Mann   Pinsel

Kind   Bild   Freundin   Apfel

2 Kreuzen Sie den passenden bestimmten und unbestimmten Artikel an. ✳

ein	eine	der	die	das	
▪	▪	▪	▪	▪	Wohnung
▪	▪	▪	▪	▪	Küche
▪	▪	▪	▪	▪	Zimmer
▪	▪	▪	▪	▪	Balkon
▪	▪	▪	▪	▪	Haus
▪	▪	▪	▪	▪	Terrasse
▪	▪	▪	▪	▪	Keller
▪	▪	▪	▪	▪	Etage
▪	▪	▪	▪	▪	Treppe

3 Welche Aussagen sind richtig? Kreuzen Sie an. ✳

- Substantive, die auf -e enden, können Maskulinum, Femininum oder Neutrum sein.

- Substantive, die auf -keit enden, sind immer Neutrum.

- Das grammatische Genus stimmt immer mit dem natürlichen Geschlecht überein.

- Substantive, die auf -heit enden, sind immer Femininum.

- Im Plural des bestimmten Artikels sind die Formen für Maskulinum, Femininum und Neutrum gleich.

Welche Arten von Substantiven haben meist welches Genus? Ordnen Sie zu.

1) Maskulinum

2) Femininum

3) Neutrum

a) Substantive, die auf „-heit" oder „-keit" enden

b) Sprachen

c) Himmelsrichtungen

d) Substantive, die auf „-lein" enden

e) Blumen und Bäume

Bilden Sie zusammengesetzte Substantive und ergänzen Sie den bestimmten Artikel.

a) der Tisch + die Lampe = ...

b) die Wand + die Uhr = ...

c) das Bett + die Decke = ...

d) das Wasser + der Hahn = ...

e) das Zimmer + die Pflanze = ...

f) der Tee + die Tasse = ...

g) das Haus + die Tür = 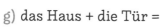 ....

6 Welche Pluralendung passt: „-e", „-en" oder „-n?" ✳✳

a) die Frau ↦ die Frau......

b) die Dame ↦ die Dame......

c) die Gabel ↦ die Gabel......

d) der See ↦ die See......

e) der Zeh ↦ die Zeh......

f) die Küche ↦ die Küche......

g) die Stadt ↦ die Städt......

h) der Schrank ↦ die Schränk...... .

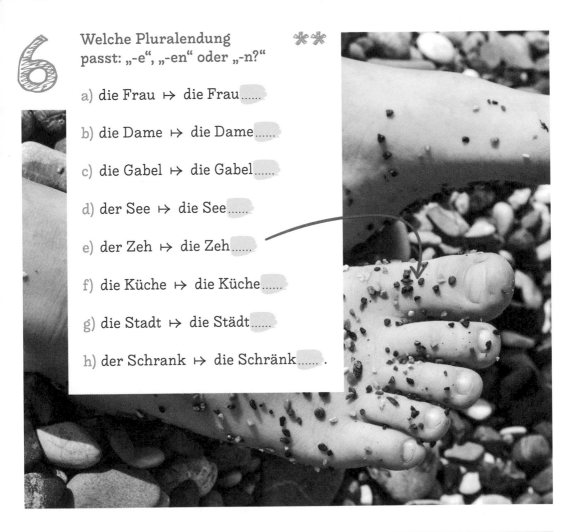

7 Wie heißt der Singular? ✳✳

a) .... ↤ die Früchte

b) .... ↤ die Tassen

c) .... ↤ die Eier

d) .... ↤ die Äpfel

e) .... ↤ die Teller

f) .... ↤ die Gläser

Bilden Sie den Plural der Substantive wie im Beispiel.

a)

		die Tante	....
		das Ohr	....
die Schere	die Scheren	die Zahl	....
die Hose	....	die Übung	....
die Nase	....	die Kreuzung	....
die Gurke	....	der Student	....
die Tasche	....	der Mensch	....
die Tomate	....	der Herr	....
die Birne	....	die Endung	....

b)

		der Monat	....
		der Abend	....
der Hund	die Hunde	der Satz	....
der Arm	....	der Stuhl	....
der Bleistift	....	die Hand	....
der Tag	....	der Bart	....
das Bein	....	der Baum	....
der Brief	....	der Zahn	....

c)

das Huhn   *die Hühner* ....

das Blatt ....

das Haus ....

das Glas ....

das Buch ....

das Dach ....

das Dorf ....

d)

das Baby   *die Babys* ....

das Radio ....

der Chef ....

der Ballon ....

das Hotel ....

das Kino ....

e)

der Pullover   *die Pullover* ....

der Mantel ....

der Magen ....

die Mutter ....

der Schwager.............................

der Vater ....

der Vogel ....

der Apfel ....

der Bruder ....

der Sänger ....

das Zimmer ....

das Brötchen ....

der Teller ....

das Fenster ....

der Lehrer ....

das Mädchen ....

der Löffel ....

Haben die Wörter einen Plural? Wenn ja, ergänzen Sie ihn. ✳✳

Singular	Plural
a) das Buch	nein / ja: ....
b) die Butter	nein / ja: ....
c) die Gesundheit	nein / ja: ....
d) das Brötchen	nein / ja: ....
e) die Stadt	nein / ja: ....

10 Verwenden Sie das ✳✳
Substantiv im Genitiv.

a) Die Aktentasche (Vater)

.... steht im Flur.

b) Die Schuhe (Sohn)

.... stehen vor der Tür.

c) Die Rassel (Baby)

.... ist bunt.

d) Die Rucksäcke (Kinder)

.... sind im

Kinderzimmer.

e) Das Schlafzimmer (Eltern)

.... ist links.

11 Setzen Sie die angegebenen Substantive in der passenden Form ein. ✳✳

die Tochter

a) Der Vater kauft .... Eis.

ein Computer

b) Thomas wünscht sich ....

das Kind

c) Sie schreibt den Namen .... in den Sand.

ein Schüler

d) Der Lehrer erklärt .... die Aufgabe.

die Mutter

e) Das Kleid .... hängt im Schrank.

---

12 Ergänzen Sie die richtige Endung, wenn nötig. ✳✳

a) Das Buch schenke ich meinem kleinen Neffe....... .

b) Sind das nicht Laura...... Ohrringe?

c) Für das Projekt suchen wir noch einen Architekt...... .

d) Wir haben immer gut mit dem Informatiker......

  zusammengearbeitet.

3

Das Adjektiv

Was ist ein Adjektiv?

Substantivierte Adjektive

Attributive Partizipien

Was ist ein Adjektiv?

Adjektive beschreiben die Eigenschaft von Personen, Sachen und Handlungen.

prädikative und
adverbiale Adjektive

attributive
Adjektive

Es wird <u>dunkel</u>. Sie schwimmt <u>schnell</u>.

die <u>junge</u> Frau das <u>kleine</u> Kind

Adjektiv bleibt unverändert.

Adjektiv wird dekliniert.

Schwache Adjektivdeklination

Kasus ↘	Maskulinum	Femininum	Neutrum	Plural
N.	der alt**e** Mann	die blau**e** Blume	das leer**e** Zimmer	die **gut**en Zeiten
G.	des alt**en** Mannes	der blau**en** Blume	des leer**en** Zimmers	der **gut**en Zeiten
D.	dem alt**en** Mann	der blau**en** Blume	dem leer**en** Zimmer	den **gut**en Zeiten
A.	den alt**en** Mann	die blau**e** Blume	das leer**e** Zimmer	die **gut**en Zeiten

Starke Adjektivdeklination

Kasus ↘	Maskulinum	Femininum	Neutrum	Plural
N.	alt**er** Mann	blau**e** Blume	leer**es** Zimmer	**gut**e Zeiten
G.	alt**en** Mannes	blau**er** Blume	leer**en** Zimmers	**gut**er Zeiten
D.	alt**em** Mann	blau**er** Blume	leer**em** Zimmer	**gut**en Zeiten
A.	alt**en** Mann	blau**e** Blume	leer**es** Zimmer	**gut**e Zeiten

Gemischte Adjektivdeklination

Kasus	Maskulinum	Femininum	Neutrum	Plural
N.	ein alt**er** Mann	eine blau**e** Blume	ein leer**es** Zimmer	**gute** Zeiten
G.	eines alt**en** Mannes	einer blau**en** Blume	eines leer**en** Zimmers	**guter** Zeiten
D.	einem alt**en** Mann	einer blau**en** Blume	einem leer**en** Zimmer	**guten** Zeiten
A.	einen alt**en** Mann	eine blau**e** Blume	ein leer**es** Zimmer	**gute** Zeiten

Substantivierte Adjektive

Adjektive können als Substantive verwendet werden. Die Deklination der Substantive folgt der Deklination der Adjektive.

schön ⟶ der, die, das Schöne

klein ⟶ der, die, das Kleine

richtig ⟶ der, die, das Richtige

Attributive Partizipien

Attributive Partizipien verhalten sich in ihrer Deklination genauso wie attributive Adjektive.

der gelesene Roman   die gestohlenen Bilder   der geschriebene Brief

die filmende Frau   die benutzten Handtücher   der schreibende Schüler

Welches Adjektiv passt?

billig müde dunkel laut gesund

a) Ich kann heute nicht weiterarbeiten.

Ich bin ....

b) Kannst du ihn hören? –

Ja, er spricht sehr ....

c) Es ist so ....

Mach bitte das Licht an.

d) Treiben Sie Sport.

So bleiben Sie ....

e) Unser Urlaub wird ....

Wir machen eine Radtour und campen.

Ergänzen Sie die richtige Form des Adjektivs.

a) das (neu) .... Auto

b) der (spannend) .... Text

c) die (groß) .... Pfütze

d) das (gut) .... Lehrbuch

e) die (einfach) .... Sätze

Setzen Sie die Adjektive im Genitiv ein.

a) der Geruch des ....
   Brotes (frisch)

b) die Pflege des ....
   Patienten (krank)

c) die Namen der ....
   Angestellten (nett)

d) die Wirkung der ....
   Medikamente (neu)

e) die Adresse des ....
   Zahnarztes (gut)

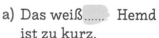

„Beim Herrenausstatter" –
Ergänzen Sie die Adjektivendungen.

a) Das weiß...... Hemd
   ist zu kurz.

b) Der blau...... Mantel
   gefällt mir gut.

c) Die braun...... Schuhe
   sind unbequem.

d) Die schwarz...... Jacke
   ist preiswert.

e) Die silber...... Manschet-
   tenknöpfe sind teuer.

f) Das grün...... Sakko
   ist neu.

„Aus allen Ländern" – Ergänzen Sie die richtigen Endungen.

a) französisch..... Cognac

b) englisch..... Humor

c) polnisch..... Wodka

d) deutsch..... Radieschen

e) belgisch..... Pralinen

f) japanisch..... Theater

g) kubanisch..... Zigarren

h) italienisch..... Mode

i) spanisch..... Orangen

Formen Sie die Sätze um, sodass aus dem prädikativen ein attributives Adjektiv wird.

Diese Straße ist breit.

Das ist eine breite Straße

a) Dieser Bahnhof ist groß.

....

b) Diese Schule ist klein.

....

c) Dieses Hotel ist teuer.

....

d) Dieser Park ist schön.

....

7 Setzen Sie das passende Adjektiv in der richtigen Form ein. ✹✹

fröhlich blau neu rot traurig
frei alt (2x) besetzt schön jung

a) Das .... Mädchen hält einen

.... Luftballon in der Hand.

Ihr Großvater ist schon ....

b) Ich habe meine .... Turnschuhe

weggeworfen. Die .... Schuhe

sind sehr ....

c) Andrea ist .... , aber Hanna

macht ein .... Gesicht.

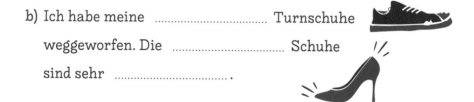

Hanna   Andrea

d) Entschuldigen Sie, ist dieser Platz .... ?

– Nein, hier ist .... , bitte setzen Sie

sich auf den .... Sessel nebenan.

8 Setzen Sie die passenden Adjektive in substantivierter Form ein.

unwichtig
hässlich
interessant
groß
falsch

Ich traf einmal einen weisen alten Mann, und wir unterhielten uns über die Widersprüche des Lebens: über das Schöne und das (a) .... , das (b) ....
und das Kleine, das Richtige und das (c) .... ,
das Wichtige und das (d) .... – und schließlich
nur noch über das (e) .... und das Langweilige.

9 Setzen Sie die Adjektive in der richtigen Form ein.

a) Sandra trägt eine ....
(weiß) Bluse und einen
.... (blau) Rock .

b) Jeder kennt den ....
(nett) Mann mit der
.... (schief) Brille.

c) Warst du schon mal in dem
.... (neu) Café?

d) Ich habe ....
(stark) Schmerzen im
.... (rechts) Ohr.

10 In der Skisaison. Ein Arzt spricht über seine Arbeit. Setzen Sie das attributive Partizip in der richtigen Form ein.

Heute musste ich ein (a) .... (gebrochen)

Bein, drei (b) .... (umgeknickt) Knöchel,

eine (c) .... (geprellt) Schulter, einen

(d) .... (verschoben) Rückenwirbel, ein

(e) .... (verstaucht) Knie und fünf

(f) .... (ausgebrochen)

Zähne behandeln.

11 Ergänzen Sie die Adjektivendungen, wo nötig. ✷✷

a) Die Liste sämtlicher veröffentlicht...... Werke ist lang...... .

b) Er ging langsam...... auf jene mysteriös...... Frau zu.

c) Wir nehmen diplomatisch...... Beziehungen auf.

d) Ich lese gerade ein interessant...... Buch, das ich total spannend...... finde.

4

Das Adverb

Was ist ein Adverb?

Eigenschaften von Adverbien

Arten von Adverbien

ERB

4 Auf einen Blick

Was ist ein Adverb?

Adverbien ...

- ... werden (in der Regel) nicht dekliniert.
- ... bestimmen andere Satzelemente näher bezüglich Zeit, Ort, Art und Weise, Grad und Maß.
- ... nennt man auch Umstandswörter.
- ... werden immer kleingeschrieben.
- ... können im Satz an verschiedenen Positionen stehen.
- ... können als adverbiale Bestimmung zum Verb, als Attribut oder prädikativ verwendet werden.

Eigenschaften von Adverbien

Adverbien bestimmen andere Wortarten näher:

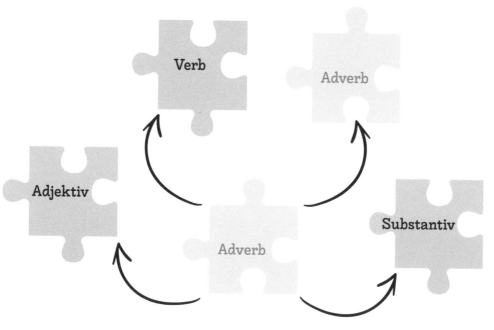

ADVERB

Arten von Adverbien

Temporaladverbien ⟶ Wann? Wie oft? Wie lange?

Beispiele:
- abends
- bisher
- damals
- endlich
- erstmals
- immer
- jetzt
- montags
- nie
- oftmals

Lokaladverbien ⟶ Wo? Wohin? Woher?

Beispiele:
- abwärts
- daheim
- draußen
- fort
- hierher
- nirgends
- überall
- vorn
- woanders

Kausaladverbien ⟶ Warum? Wieso? Weshalb?

Beispiele:
- also
- daher
- demnach
- dennoch
- folglich
- gleichwohl
- so
- sonst
- trotzdem

Modaladverbien ⟶ Wie (sehr)? Womit? Auf welche Weise?

Beispiele:
- auch
- besonders
- durchaus
- genauso
- jedoch
- sicherlich
- sozusagen
- wenigstens

1 Wählen Sie das passende Adverb aus. ✳

bereits frühestens jetzt
montags oft damals

a) .... konnte ich noch kein Deutsch.

b) Er kommt .... am Sonntag zurück, nicht vorher.

c) Wir haben Ihren Brief .... erhalten.

d) .... muss er immer früh aufstehen.

e) Sie kommt sehr .... zu uns.

f)
....
ist aber
Schluss!

---

2 Steigern Sie die Adverbien, wenn möglich. ✳✳

a) gern ↦ ....

b) immer ↦ ....

c) viel ↦ ....

d) bisher ↦ ....

e) bald ↦ ....

f) wenig ↦ ....

3 Bringen Sie die Sätze in die richtige Reihenfolge, indem Sie sie mit dem passenden Adverb verbinden.

3) Danach ...

1) Zuerst ...

4) Zuletzt ...

2) Dann ...

a) ... bin ich in den Zug eingestiegen.

b) ... habe ich ein Buch gelesen und Kaffee getrunken.

c) ... habe ich eine Fahrkarte gekauft.

d) ... habe ich meinen Sitzplatz gesucht.

4 Was passt? Streichen Sie die falschen Adverbien durch.

„Jasmin, du hast für heute wenigstens / genug / sicherlich geübt. Geh doch genug / hoffentlich / wenigstens einmal am Tag raus in den Garten. Insbesondere / Vielleicht / Jedoch bei diesem schönen Wetter! Das macht dir keinesfalls / wenigstens / vielleicht auch Spaß. Oder du gehst schwimmen, aber du darfst genug / keinesfalls / sozusagen Volleyball spielen! Deine Hände!!"

Wo sind die Dinge im Kühlschrank? Antworten Sie
auf die Fragen mit den richtigen Lokaladverbien.

> Liebling,
> wo ist die
> Milch?

1)
....
....

> Wo ist
> die rote
> Paprika?

2)
....
....

a) oben, rechts

b) unten,
   rechts vorne

c) nicht im
   Kühlschrank

d) Mitte,
   rechts hinten

e) unten,
   links hinten

f) oben, links

> Wo ist
> der Salat?

3)
....
....

> Wo sind
> die Eier?

4)
....
....

> Wo ist
> das Bier?

5)
....
....

> Wo sind
> die Bananen?

6)
....
....

6 Welches Satzende passt? Verbinden Sie. ✳✳

1) Unterschreiben Sie bitte, …
2) Er hat viel Geld verloren, …
3) Alle haben ihn gewarnt, …
4) Ich will morgen verreisen, …

a) … deshalb wurde sein Haus versteigert.
b) … trotzdem hat er der Operation zugestimmt.
c) … also muss ich jetzt packen.
d) … sonst ist der Vertrag ungültig.

7 Markieren Sie in den Sätzen die Adverbien mit einem Marker oder unterstreichen Sie sie. ✳✳

a) Wir tanzen sehr gerne.
b) Der Schrank steht rechts.
c) Ich beende erst meine Arbeit, danach trinke ich Kaffee.
d) Es gibt stündlich einen Zug dorthin.
e) Jetzt bin ich gerade beschäftigt.
f) Evi kommt morgen.

Sortieren Sie die Adverbien nach ihrer Bedeutung.. ✱✱

dort gern dann draußen unten fast gestern vielleicht ziemlich deshalb sogar kaum darum folglich bis jetzt spät trotzdem damals völlig

Lokaladverbien
Wo? Wohin? Woher?

....

....

....

Modaladverbien
Wie? Womit?
Wie sehr?
Auf welche Weise?

....

....

....

....

....

....

....

....

Temporaladverbien
Wann? Wie oft?
Wie lange?

....

....

....

....

....

Kausaladverbien
Warum? Wieso?
Weshalb?

....

....

....

WOHIN? WARUM? WOMIT? WIE LANGE?

Setzen Sie die Adverbien sinnvoll ein. ✳✳

oben gerade oft

immer gern nämlich

a) Sebastian macht .... und .... Sport.

b) Wo ist Tim? – Er steht .... auf dem Hocker.

c) Ich habe .... einen tollen Hut gefunden!

d) Ich bin nervös. Ich bin .... noch nie geflogen.

e) Du kommst wirklich .... zu spät!

Welche Aussagen sind richtig? Kreuzen Sie an. ✳✳

▢ Modaladverbien geben den Grund oder die Ursache einer Handlung an.

▢ Adverbien können auch prädikativ gebraucht werden.

▢ Adverbien können im Satz an verschiedenen Positionen stehen.

▢ Adverbien werden immer dekliniert.

▢ Adverbien können groß- oder kleingeschrieben werden.

▢ Adverbien können Verben, Substantive, Adjektive oder andere Adverbien näher bestimmen.

5

Der Vergleich

Vergleichsstufen

Der Komparativ

Der Superlativ

5 Auf einen Blick

Vergleichsstufen

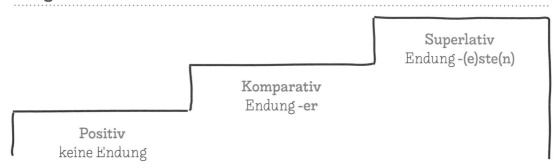

Der Komparativ

Regelmäßige Komparativformen

- mit **-er**:   schnell → schneller

- mit **-er** und Umlaut: kalt → kälter

- Wegfall von **-e-**:   dunkel → dunkler

Unregelmäßige Komparativformen

- Adjektiv: gut → besser

- Adverb: viel → mehr

Das Verglichene wird beim Komparativ immer mit **als** angeschlossen:

- kleiner <u>als</u> …
- schneller <u>als</u> …
- näher <u>als</u> …
- moderner <u>als</u> …

Der Superlativ

am + Superlativ ← Grundform → Artikel + Superlativ

am schönsten   schön   der schönste

Regelmäßige Superlativformen

- mit **-ste(n)**:   schwer → am schwer**sten**
- mit **-ste(n)** und Umlaut: warm → am wärm**sten**
- mit **-este(n)**:   frisch → am frisch**esten**

Unregelmäßige Superlativformen

- Adjektiv: gut → am besten
- Adverb: viel → am meisten

Die verglichenen Elemente werden beim Superlativ zum Beispiel mit **von** angefügt:

Paul ist der größte von allen Brüdern.

- adverbialer Superlativ: Sie malt am schönsten.
- prädikativer Superlativ: Der Garten ist am schönsten.
  Der Garten ist der schönste.
- attributiver Superlativ: Er hat das schönste Bild gemalt.

Bilden Sie Komparativ und Superlativ der Adjektive.

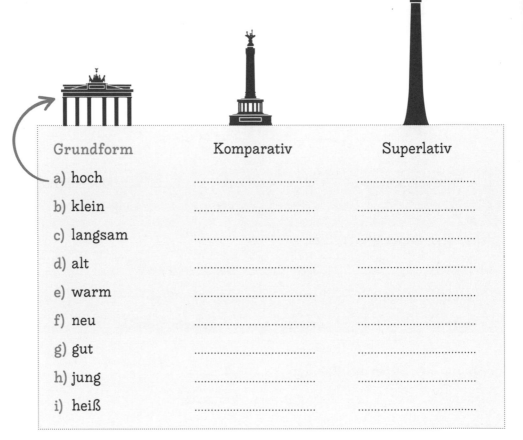

Grundform	Komparativ	Superlativ
a) hoch	....	....
b) klein	....	....
c) langsam	....	....
d) alt	....	....
e) warm	....	....
f) neu	....	....
g) gut	....	....
h) jung	....	....
i) heiß	....	....

Ergänzen Sie diese Sätze mit „so ... wie" oder „als".

a) Ralf ist .... größer .... seine Schwester.

b) Er verdient hier .... viel .... in der alten Firma.

c) Das Wetter ist heute .... gut .... gestern.

d) Das Buch ist .... besser .... der Film.

e) Susi ist .... hübsch .... ihre Mama.

3 Setzen Sie die Adjektive im Komparativ ein. ✳

a) Berlin ist .... als Hamburg. (groß)

b) Der Rhein ist .... als der Neckar. (lang)

c) Obst ist viel .... als Süßigkeiten. (gesund)

d) Das Flugzeug ist .... als der Zug. (schnell)

4 Welche Satzteile passen zusammen? ✳✳

1) Mama kommt heute ...

a) ... so jung, wie er aussieht.

2) Opa ist nicht ...

b) ... lieber Rotwein als Bier.

3) Alex ist heute in Mathe ...

c) ... früher nach Hause.

4) Papa trinkt ...

d) ... besser als letztes Jahr.

Positiv, Komparativ oder Superlativ? Setzen Sie die Adjektive in der richtigen Form ein. ✳✳✳

hoch groß heiß teuer viel

a) Maria ist .... wie Hanna.

b) Champagner ist .... Bier.

c) Der Großglockner ist ....
Berg Österreichs.

d) Bill Gates hat .... Geld
als ich, aber Dagobert Duck

hat ....

e) Kochendes Wasser ist ....
Eiswürfel.

„Als" oder „wie"? ✳✳

a) Paul ist größer .... Felix.

b) Schlagsahne ist fetter .... Milch.

c) Der blaue Pullover ist ebenso

teuer .... der weiße.

d) Sandra ist jünger .... Sabine,

aber genauso alt .... Susanne.

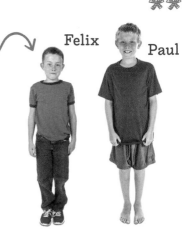

Felix

Paul

7

Setzen Sie die richtigen Formen der Adjektive und Adverbien in den Text ein. Achtung, nicht alle werden gesteigert!

✳✳✳

DIE STADT HALLE

Die __größte__ (groß) Stadt in Sachsen-Anhalt ist Halle. Diese (a) .... (alt) Stadt liegt an der Saale. Mit über 240 000 Einwohnern ist sie nur etwas (b) .... (klein) als die Hauptstadt des Bundeslandes, Magdeburg.

Denkmal von Georg Friedrich Händel

In Halle wurde der (c) .... (berühmt) Komponist Georg Friedrich Händel geboren. Die (d) .... (groß) Universität in Sachsen-Anhalt ist die „Martin-Luther-Universität Halle-Wittenberg".

Sie ist auch die (e) .... (alt) Universität in Sachsen-Anhalt.

Zwar ist sie (f) .... (klein) als die Universitäten in Leipzig oder Berlin, aber doch noch (g) .... (groß) als viele andere Universitäten und Hochschulen in den (h) .... (neu) Bundesländern. In Halle gibt es auch (i) .... (viel) Museen, die von (j) .... (zahlreich) Touristen besucht werden.

Halles Marktplatz mit dem Roten Turm

8 Setzen Sie die richtigen Superlativformen ein.

a) Beim Sport laufen alle Kinder schnell, aber Paul läuft

.... Paul ist ....

Junge in der Klasse.

b) Das Matterhorn ist höher als die Zugspitze, aber der Mount

Everest ist .... Der Mount Everest

ist .... Berg der Welt.

---

9 Wählen Sie jeweils die korrekte Form.

☐ gut
☐ besser
☐ am besten

a) Jan lernt .... als du.

☐ nett
☐ netter
☐ die netteste

b) Yvonne ist so .... wie Monika.

☐ das teuerste
☐ teurer
☐ am teuersten

c) Sie hat .... Kleid gekauft.

☐ härter
☐ der härteste
☐ am härtesten

d) Ich habe von allen .... gearbeitet.

10 Ergänzen Sie die Sätze mit ✳✳
Adjektiven im Komparativ
oder Superlativ.

a) Das war der ....
Film, den ich je gesehen habe.

b) In Spanien herrscht ein

.... Klima
als in der Schweiz.

c) Auf der Messe werden wieder die

.... Geräte mit

.... Technik gezeigt.

d) Der neue Motor bringt eine

.... Leistung als

der Motor des ....
Modells.

trocken

aktuell   hoch

modern
alt

schlecht

---

11 Korrigieren Sie die Fehler in den folgenden Sätzen. ✳✳

a) Der Gepard ist am schnellsten Landtier.

....

b) Der Gepard kann schneller laufen wie ein Mensch.

....

c) Der Gepard läuft am schnellsten als alle anderen Tiere.

....

6

Das Pronomen (I)

Was ist ein Pronomen?

Das Personalpronomen

Das Pronomen „es"

Pronominaladverbien

Was ist ein Pronomen?

Pronomen dienen dazu, ein Substantiv zu vertreten. Es gibt vielfältige Formen von Pronomen. Manche Pronomen können nicht nur als alleinstehendes Pronomen, sondern auch als Artikel, d. h. zusammen mit einem Substantiv, auftreten.

Das Personalpronomen

Kasus ↘	Singular		
	1. Person	2. Person	3. Person
Nominativ	ich	du	er / sie / es
Genitiv	meiner	deiner	seiner / ihrer / seiner
Dativ	mir	dir	ihm / ihr / ihm
Akkusativ	mich	dich	ihn / sie / es

Kasus ↘	Plural		
	1. Person	2. Person	3. Person
Nominativ	wir	ihr	sie / Sie
Genitiv	unser	euer	ihrer / Ihrer
Dativ	uns	euch	ihnen / Ihnen
Akkusativ	uns	euch	sie / Sie

Das Pronomen „es"

Das Pronomen **es** kann in verschiedenen Kontexten auftreten und dabei verschiedene Funktionen übernehmen:

- Ersatz von Personen oder Sachen:
  Das Buch liegt auf dem Tisch. Holst du es bitte?
- Ersatz von Satzteilen:
  Sie arbeitet oft am Sonntag, aber sie tut es gerne.
- Thematisches **es**:
  Es kam ein Mann zu mir und fragte nach dem Weg.
- Vorsignal für einen Nebensatz oder Infinitiv:
  Es ist wichtig, dass man viel Obst isst!
- Scheinsubjekt in unpersönlichen Konstruktionen:
  Es schmeckt!

Pronominaladverbien

Pronominaladverbien ersetzen Wortgruppen aus Präposition und Nomen und beziehen sich auf Sachen bzw. Sachverhalte, nicht auf Personen.

Er war <u>mit seiner Leistung</u> zufrieden.

Er war damit zufrieden.

Ich erinnere mich nur noch <u>an einen lauten Knall</u>.

Woran erinnerst du dich?   Es ist das Einzige, woran ich mich erinnere.

interrogativ   relativisch

1 Markieren Sie das passende Personalpronomen mit einem Textmarker oder unterstreichen Sie es.

a) Meine Damen und Herren, es / ich / sie möchte Ihnen einige Worte sagen.

b) Hallo Klaus. Ich muss euer / wir / dich was fragen.

c) Die Schachtel wurde gerade gebracht. Gehört sie dich / du / dir ?

2 Welche Substantive gehören zu welchem Pronomen?

die Möbel   die Garage   das Haus
die Familie   der Tisch   die Blumen
die Gärten   die Tür   die Zimmer
das Kind   der Aufzug   der Hund

sie (Plural):	sie (Singular):	er:
....	....	....
....	....	....
....	....	....
....		

es:
....
....

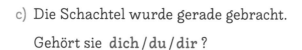

3

Ergänzen Sie die Sätze mit dem passenden Pronomen. ❋❋

ihnen

dir

Ihnen

ihm

uns

mich

a) Die Kinder sehen einen Film. Er gefällt ....

b) Sind die Blumen für ....?
Danke, wie nett von ....!

c) Frau Meier, haben Sie Schmerzen? Ich gebe .... eine Tablette.

d) Das Kind hat Durst. Die Mutter gibt .... Tee.

e) Wir machen eine Party. Unsere Freunde besuchen ....

4

Nur ein Satz ist richtig. Streichen Sie die falschen durch. ❋❋

a) Guten Tag Herr Schmitt, ich freue mir, Sie kennenzulernen!

b) Guten Tag Herr Schmitt, ich freue mich, Ihnen kennenzulernen!

c) Guten Tag Herr Schmitt, ich freue mich, Sie kennenzulernen!

d) Guten Tag Herr Schmitt, Sie freuen mich, dich kennenzulernen!

5 Verbinden Sie mit Linien die Dativ- und Akkusativformen mit dem jeweiligen Pronomen im Nominativ. ✻✻

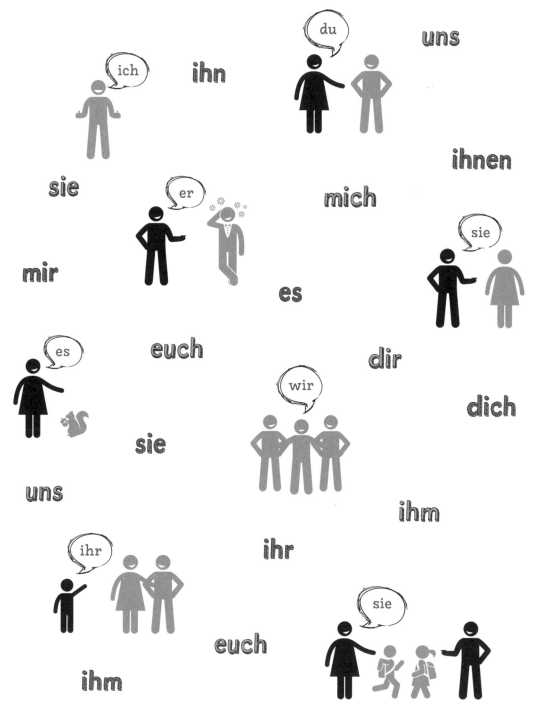

6 Setzen Sie die passenden Pronomen ein. ✳✳

a) Hallo Anna! Ich möchte .... zu meiner Geburtstagsparty einladen.

b) Anna: Danke, ... komme gern! Ist die Party bei .... zu Hause?

c) Nein, bei den Neumanns. Bei .... ist mehr Platz als bei ....

d) Anna: Ja, ich kenne .... Ich freue .... !

---

7 Welche Satzteile passen zusammen? Tragen Sie die Buchstaben in die Kästchen ein. ✳✳

1) Der Winter ist schon da, ...

3) Sie arbeitet oft am Sonntag, ...

b) ... es schneit.

2) Wie ist denn deine neue Firma?

4) Wir müssen jetzt gehen, ...

c) ... aber sie tut es gerne.

a) ... es ist schon spät.

d) Es gefällt mir dort sehr gut.

1) ☐
2) ☐
3) ☐
4) ☐

8 Bringen Sie die Wörter in die richtige Reihenfolge. ✷✷

a) Uhr | sieben | Es | ist | genau | .

....

b) wichtig, | Es | dass man | ist | isst | viel Obst | .

....

c) Heute | eine | besondere | gibt | Spezialität | es | .

....

d) wieder | Es | schon | regnet | !

....

e) geht | Wo | hier | Neustadt | geht | es | nach | ?

....

9 Was ist richtig? Kreuzen Sie an. ✷✷✷

a) Der Opa liest den Enkeln
die Nachrichten vor.

Er liest …

▪ ihn ihnen vor.
▪ sie ihm vor.
▪ sie ihnen vor.
▪ ihnen sie vor.

b) Claudia gibt ihrer
Schwester Blumen.

Sie gibt …

▪ sie ihr.
▪ sie ihm.
▪ ihnen ihr.
▪ ihr sie.

10 Fragen Sie mit einem Pronominaladverb wie im Beispiel. ✳✳

Ines wartet auf den Bus. – <u>Worauf wartet Ines?</u> ?

a) Der Wein ist für die Party. – .... ?

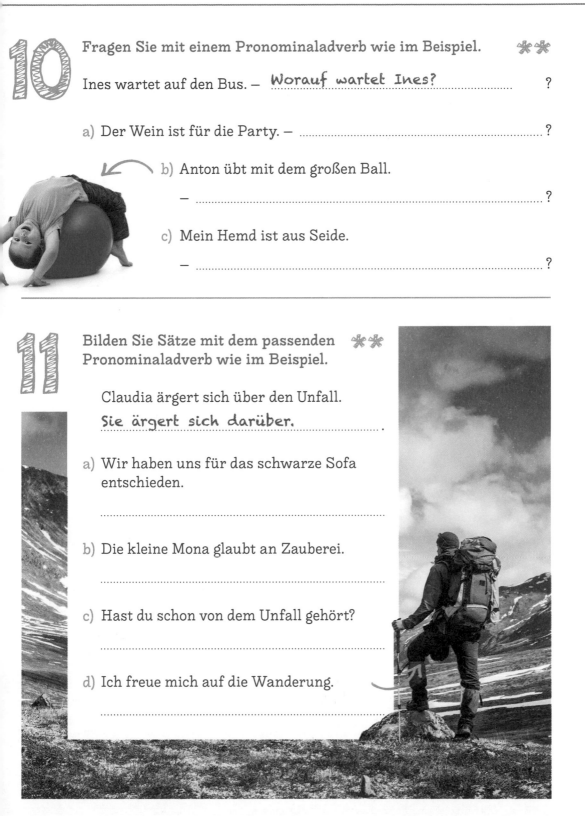

b) Anton übt mit dem großen Ball.

– .... ?

c) Mein Hemd ist aus Seide.

– .... ?

11 Bilden Sie Sätze mit dem passenden ✳✳
Pronominaladverb wie im Beispiel.

Claudia ärgert sich über den Unfall.
<u>Sie ärgert sich darüber.</u> .

a) Wir haben uns für das schwarze Sofa
entschieden.

....

b) Die kleine Mona glaubt an Zauberei.

....

c) Hast du schon von dem Unfall gehört?

....

d) Ich freue mich auf die Wanderung.

....

7

Das Pronomen (II)

Das Possessivpronomen

Das Demonstrativpronomen

Das Relativpronomen

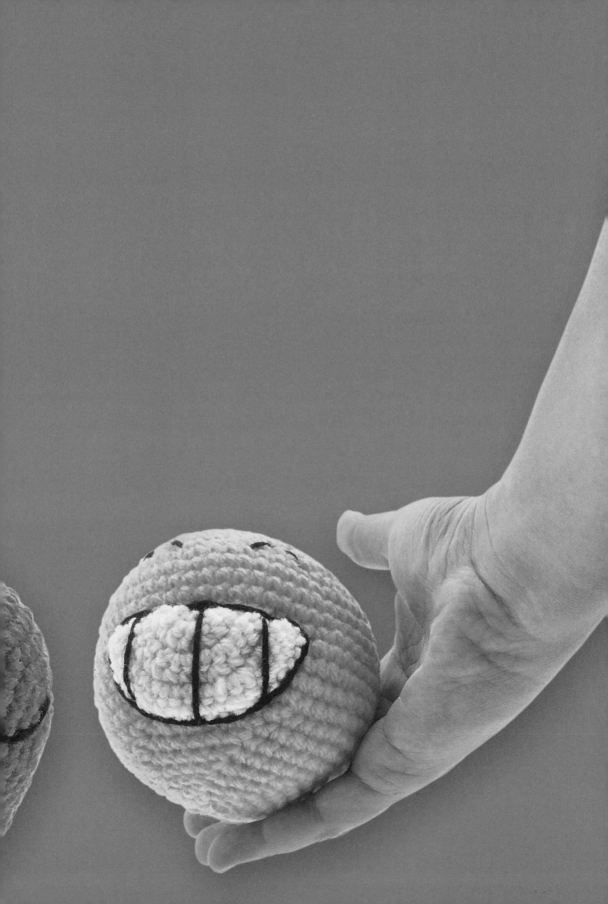

Das Possessivpronomen

Der Possessivartikel

		Maskulinum	Femininum	Neutrum
Singular	1. P.	mein Text	meine Tasse	mein Buch
	2. P.	dein Text	deine Tasse	dein Buch
	3. P.	sein Text	seine Tasse	sein Buch
		ihr Text	ihre Tasse	ihr Buch
		sein Text	seine Tasse	sein Buch
Plural	1. P.	unser Text	unsere Tasse	unser Buch
	2. P.	euer Text	eure Tasse	euer Buch
	3. P.	ihr Text	ihre Tasse	ihr Buch
		Ihr Text	Ihre Tasse	Ihr Buch

Das Possessivpronomen

Kasus ↘

	Maskulinum	Femininum	Neutrum	Plural
Nominativ	meiner	meine	mein(e)s	meine
Genitiv	meines	meiner	meines	meiner
Dativ	meinem	meiner	meinem	meinen
Akkusativ	meinen	meine	mein(e)s	meine

Das Demonstrativpronomen

Kasus ↘	Maskulinum	Femininum	Neutrum	Plural
Nominativ	der	die	das	die
Genitiv	dessen	derer	dessen	derer
Dativ	dem	der	dem	denen
Akkusativ	den	die	das	die

Kasus ↘	Maskulinum	Femininum	Neutrum	Plural
Nominativ	dieser	diese	dieses	diese
Genitiv	dieses	dieser	dieses	dieser
Dativ	diesem	dieser	diesem	diesen
Akkusativ	diesen	diese	dieses	diese

Das Relativpronomen

Kasus ↘	Maskulinum	Femininum	Neutrum	Plural
Nominativ	der	die	das	die
Genitiv	dessen	derer, deren	dessen	derer, deren
Dativ	dem	der	dem	denen
Akkusativ	den	die	das	die

Setzen Sie den passenden Possessivartikel ein.

Ihre

Sein

Unser

Meine

Ihr

Ihr

Deine

Unsere

euer

Sein

Mein

eure

a) Ich habe einen Hund. – .... Hund heißt Cäsar.

b) Ich habe viele Bücher. – .... Bücher sind interessant.

c) Du hast eine Schwester. – .... Schwester wohnt in Rom.

d) Hannes ist blond. – .... Sohn ist auch blond.

e) Miriam besucht ihren Freund. – .... Freund heißt Enrico.

f) Das Kind hat einen Ball. – .... Ball ist bunt.

g) Wir haben ein Haus. – .... Haus ist alt.

h) Wir haben Goldfische. – .... Goldfische sind schön.

i) Ihr habt ein Auto. – Ist .... Auto schnell?

j) Ihr habt viele Freunde. – Wo wohnen .... Freunde?

k) Die Kinder tanzen. – .... Eltern schauen zu.

l) Entschuldigen Sie, ist das .... Smartphone?

2 Markieren Sie die richtigen Formen mit einem Textmarker oder unterstreichen Sie sie.

a) Sie haben sich Ihren / Ihr Urlaub verdient.

b) Die Schwester unseren / unseres Nachbarn ist im Urlaub.

c) Ich traute meinen / meiner Augen nicht.

d) Du bist mit deinem / deiner Auto zu schnell gefahren.

3 Ergänzen Sie die Possessivpronomen ✳✳ mit der richtigen Endung.

a) So ein süßes Hündchen!

Ist es dein...... ?

b) Dein Bruder heißt Hugo?

Mein...... auch.

c) Ich habe nur meinen Stift.

Dein...... habe ich nicht.

d) Hier sind meine Fotos.

Darf ich auch Ihr...... sehen?

e) Das ist nicht Ihre Aufgabe,

es ist unser...... .

Ergänzen Sie die Possessivartikel und -pronomen in der richtigen Form. ✱✱

a) Entschuldigen Sie, ist das .... Tasche?

– Ja, das ist ....

b) Kauft ihr .... Flugtickets im Reisebüro?

– Wir kaufen .... immer im Internet.

c) Pass gut auf .... Handy auf!

– Paul hat gestern .... verloren.

Welche Frage passt zu welcher Antwort? Schreiben Sie die jeweilige Ziffer in das Kästchen. ✱✱

1) Ist das etwa Vanessas Ehering?

2) Wem gehören diese Unterlagen hier? Ihnen, Frau Hölzle?

3) Martin und Karen, wem gehören die Buntstifte hier?

4) Gehört das Portemonnaie nicht Anja?

5) Der Wagen hier gehört doch Herrn Steinmann, oder?

6) Das ist doch dein Schlüssel.

a) Zeig mal. Nein, das ist nicht ihres. ☐

b) Ja, das müsste seiner sein. ☐

c) Ja, das könnte ihrer sein. ☐

d) Das sind unsere. ☐

e) Ja genau. Das ist meiner. ☐

f) Nein, das sind nicht meine. ☐

6 Vervollständigen Sie die Antworten, indem Sie die richtigen Formen von „der", „die", „das" einsetzen. ✳✳

a) Hast du die Frau schon mal gesehen?

– Nein, ... kenne ich nicht.

b) Was ist passiert? – .... sage ich nicht.

c) Welche Pflanze sollen wir kaufen?

– .... hier.

d) Was macht der Mann denn hinter

der Theke? – .... gehört der

Laden hier.

e) Warum siehst du die Leute

so komisch an? – .... kann

man nicht trauen.

---

7 Setzen Sie das passende Demonstrativpronomen ein. ✳

dieser   diese   dieses

a) .... Kleid gefällt mir überhaupt nicht.

b) In .... Kirche gibt es samstags Konzerte.

c) Kennst du .... Frau dort?

d) .... Film ist sehr interessant.

8 Setzen Sie die richtige ✱✱✱ Form des Demonstrativpronomens ein.

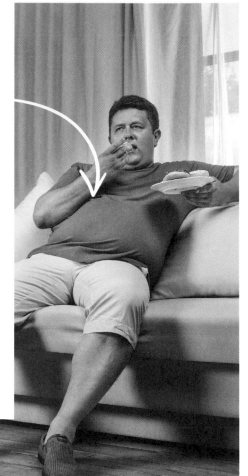

a) Ich liebe Krapfen. .... (die) verdanke ich meine 95 kg.

b) Wer findet meine Katze? ..

.... (derjenige) gebe ich 50 € Finderlohn.

c) Ich brauche einen dickeren Pinsel. – Probier es doch mal

mit .... (dieser).

d) Wie findest du diese Ohrringe?

Aus Plastik? Von .... (solche) halte ich nicht viel.

---

9 Welcher Satz ist richtig? Kreuzen Sie an. ✱✱

▢ Jener Hund passt nicht in derselbe Koffer.

▢ Dieser Hund passt nicht in solcher Koffer.

▢ Dieser Hund passt nicht in diesen Koffer.

▢ Solcher Hund passt nicht in dieser Koffer.

10 Markieren Sie das richtige Relativpronomen. ✳✳

a) Der Schweizer Hof ist ein Restaurant, in **dem / das** man gut essen kann.

b) Das ist Frau Aygün, von **dem / der** ich dir schon erzählt habe.

c) Die Kinder, **den / denen** wir Nachhilfe gegeben haben, haben gute Noten bekommen.

11 Setzen Sie das passende Demonstrativpronomen ein. ✳✳✳

jenes   derjenigen   solchen   dieser   dasselbe

a) Jan, du räumst jetzt dein Zimmer auf. .... gilt für dich, Hannah.

b) Der Schrank dort sieht schrecklich aus, aber .... gefällt mir sehr gut.

c) Wegen .... besitzerlosen Koffers wurde der ganze Bahnhof abgeriegelt.

d) Mit .... Unwettern müssen wir in der Zukunft vermehrt rechnen.

e) Das sind die Fotos .... , die an der Aktion teilgenommen haben.

12 „Grüße aus München" – Ergänzen Sie im Brief das Relativpronomen „der/die/das" in der richtigen Form. ✱✱✱

Liebe Paula,

ich bin jetzt seit vier Tagen in München. Ich schreibe dir aus einem Straßencafé, (a) .... ganz in der Nähe vom Hotel ist. Ich habe es aus einem Stadtführer, (b) .... ich schon in Köln gekauft hatte. Am Samstag war ich erst auf dem Marienplatz und dann auf dem Viktualienmarkt, (c) .... nicht weit entfernt ist. Danach war ich in der Konditorei, (d) .... du mir empfohlen hattest. Am Sonntag habe ich die Alte Pinakothek besucht, zu (e) .... ich zu Fuß gehen kann. Dort habe ich einen Münchner getroffen, (f) .... ich neulich im Zug kennengelernt hatte und (g) .... Frau ich jetzt auch kenne. Wir waren dann in einem Wirtshaus, in (h) .... ich heute Abend wieder gehe. Ich genieße es!

Liebe Grüße
Anny

13 Setzen Sie die passenden Relativpronomen ein. ✳✳

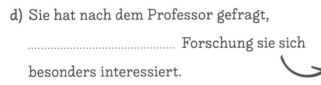

a) Hier sind die Beeren, ... die Kinder gesammelt haben.

b) Die Hose ist aus dem gleichen Geschäft, ... ich auch den neuen schwarzen Anzug habe.

c) Wir nehmen die Geldanlage, ... man die höchste Rendite bekommt.

d) Sie hat nach dem Professor gefragt, ... Forschung sie sich besonders interessiert.

e) .... das nicht interessiert, kann in ein anderes Projekt wechseln.

14 Welches Relativadverb passt? Streichen Sie die falschen durch. ✳✳

a) Er hat die Prüfung bestanden, **wozu / was / wohin** er sofort allen erzählt hat.

b) Er hat die Prüfung bestanden, **was / woher / wozu** ihm alle gratulierten.

c) Sie will nach München, **wo / woher / was** ihr Freund lebt.

München

8

Das Pronomen (III)

Das Indefinitpronomen

Das Interrogativpronomen

Das Reflexivpronomen

8 Auf einen Blick

Das Indefinitpronomen

Die Indefinitpronomen umfassen eine große Gruppe von Pronomen, die sich recht unterschiedlich verhalten. Sie werden für unbestimmte, nicht näher definierte Personen, Dinge oder Mengen verwendet.

- irgendein
- irgendwer
- irgendetwas
- irgendjemand

- etwas
- nichts
- viel
- wenig

- einer
- keiner
- niemand
- jemand

- alle
- alles
- man
- beide
- andere

- viele
- einige
- etliche
- mehrere
- verschiedene

- jeder
- jedermann

Alle Indefinitpronomen können allein stehen. In diesem Fall sind sie echte Pronomen. Manche können auch zusammen mit einem Substantiv, also wie ein Artikel, vorkommen.

Das Interrogativpronomen

Interrogativpronomen dienen dazu, nach einzelnen Satzgliedern zu fragen.

Wer? Wessen? Wohin? Wem? Was? Wen? Welcher? Woher? Welches? Welche? Was für ein ...? Worauf?

Das Reflexivpronomen

Das Reflexivpronomen hat nur die Formen Akkusativ und Dativ: In der 1. und 2. Person entspricht es dem Personalpronomen. Nur in der 3. Person gibt es eine eigene Form: **sich**.

	Akkusativ	Dativ
Singular	Ich freue **mich**. Du freust **dich**. Er / sie / es freut **sich**.	Ich putze **mir** die Zähne. Du putzt **dir** die Zähne. Er / sie / es putzt **sich** die Zähne.
Plural	Wir freuen **uns**. Ihr freut **euch**. Sie freuen **sich**.	Wir putzen **uns** die Zähne. Ihr putzt **euch** die Zähne. Sie putzen **sich** die Zähne.

Reflexivpronomen beziehen sich auf ein Substantiv, das vorher im Satz bereits genannt wurde. Man unterscheidet zwischen echten und unechten Reflexivpronomen:

echte Reflexivpronomen	unechte Reflexivpronomen
• fester Bestandteil des Verbs • das Verb kann kein anderes Objekt als das Reflexivpronomens bei sich haben	• als Ergänzung zum Verb • das Verb kann auch mit einem anderen Objekt stehen

1 Ergänzen Sie mit dem passenden Indefinitpronomen. ✻✻

man einige irgendjemand alle

a) Ist da .... hinter der Tür?

b) Ich hätte hier .... Getränke zur Auswahl.

c) An diesem Strand kann .... wunderbar baden.

d) .... Gerichte in diesem Restaurant sind lecker.

2 Streichen Sie die Indefinitpronomen durch, die nicht passen. ✻✻

a) Wir haben viele Gäste eingeladen, aber nur wenige / viel / alles haben bisher zugesagt.

b) Um dieses Haus zu kaufen, brauchen wir andere / viel / mehrere Geld.

c) Die meisten Informationen sind sehr nützlich, aber alles / viel / manche sind völlig wertlos.

3 Setzen Sie im folgenden Dialog „jemand", „niemand", „etwas" und „nichts" richtig ein.

Hallo Paul! Komm rein. Du bist der Erste.

Wirklich? Wieso ist denn noch

(a) .... da?

Es ist doch noch früh. Möchtest du

(b) .... trinken?

Ja, aber

(c) .... Alkoholisches, bitte.

Gut. Trinken wir erst mal Wasser.

Danke. Ich habe dir

(d) .... mitgebracht.

Oh, so

(e) ....

Schönes hat mir ja noch

(f) .... geschenkt. Vielen Dank!

Gerne geschehen. Hey, es klingelt – da kommt noch

(g) ....

Setzen Sie die richtigen Formen von „wer" oder „was" ein. ✳✳

a) .... hat
   vorhin angerufen?
   – Frau Sommer.

b) .... haben
   Sie gerade gesagt?
   – Nichts.

c) .... nehmen
   Sie als Begleitung mit?
   – Herrn Fuchs.

d) .... haben
   Sie das erzählt?
   – Nur Frau Klein.

Welche Frage passt? Kreuzen Sie an. ✳

a) Auf meine Freundin Hanna.

   ▢ Worauf wartest du?
   ▢ Auf wen wartest du?

b) Auf den Bus.

   ▢ Worauf wartest du?
   ▢ Auf wen wartest du?

c) Aus der Zeitung.

   ▢ Von wem wissen Sie das?
   ▢ Woher wissen Sie das?

d) Von meiner Chefin.

   ▢ Von wem wissen Sie das?
   ▢ Woher wissen Sie das?

Fragen Sie noch einmal ✳✳✳
nach wie im Beispiel.

Helene ist noch nicht müde.
Wer ist noch nicht müde? ?

a) Justus will <u>ins Kino</u> gehen.

....?

b) Wir haben keinen <u>Zucker</u> mehr.

....?

c) Herr Moser sucht <u>seine Enkelin</u>.

....?

d) <u>Wir</u> besuchen <u>Tante Gudrun</u>.

....?

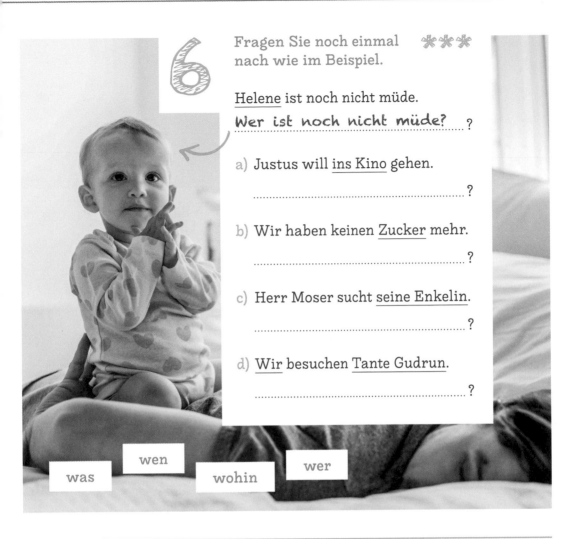

wen
was   wohin   wer

---

7 Vervollständigen Sie die Fragen mit ✳✳
„was für ein" in der richtigen Form.

a) .... Fahrrad fährst du?

b) Dokumente? Aber ....
müssen wir denn mitbringen?

c) In .... Gesellschaft
leben wir heute?

d) Mit .... Abschluss
kann man in Deutschland an der
Universität studieren?

8 Ergänzen Sie die richtigen Reflexivpronomen. ✳✳

a) Ich kümmere .... um die Blumen meiner Nachbarin.

b) Wir freuen .... , Delfine sehen zu können.

c) Hast du .... schon bei ihr entschuldigt?

d) Ihr müsst .... beeilen. Der Zug fährt gleich ab.

e) Erwin unterhält .... noch mit Kollegen.

 9 Welches Reflexivpronomen passt? Markieren Sie es. ✳✳

a) Ich freue sich / mich / uns.

b) Du beeilst dich / uns / mich.

c) Sie irren sich / euch / uns.

d) Das Mädchen wundert sich / dich / uns.

e) Wir ziehen sich / euch / uns an.

f) Die Mädchen kämmen euch / dich / sich.

g) Ihr irrt uns / euch / mich.

10 Welche Satzteile passen zusammen? Verbinden Sie. ✳✳

1) Ruhe! Wir müssen ...

3) Auf der Party haben ...

a) ... sich alle Gäste gut amüsiert.

c) ... sich, Herr Stock?

2) Ärgert ihr ...

4) Wie fühlen Sie ...

b) ... uns konzentrieren!

d) ... euch immer noch darüber?

11 Setzen Sie das richtige Reflexivpronomen ein. ✳✳

a) Es ist schon spät, wir müssen .... beeilen.

b) Erinnern Sie .... daran, dass ich tanken muss.

c) Wie dumm, ich habe .... in den falschen Zug gesetzt.

d) Der Mann hat .... auf meine Sonnenbrille gesetzt!

e) So ein schlechtes Zeugnis! Schäm .... !

f) Wir haben .... am Strand prächtig erholt.

9

Das Verb (I)

Was ist ein Verb?

Die Konjugationen

9 Auf einen Blick

Was ist ein Verb?

Verben dienen vor allem dazu, Handlungen, Vorgänge und Zustände zu bezeichnen.
Der Infinitiv der Verben endet auf **-en**, manchmal auch nur auf **-n**.
Der Teil ohne Endung wird auch Stamm genannt: **sag-**, **red-**, **denk-**.

Verben können – je nach Funktion der Endung – vorliegen als …
• … **infinites Verb**: lieben, geliebt haben, liebend, geliebt
• … **finites Verb**: ich liebe, du liebst, er / sie / es liebt usw.

Man unterscheidet verschiedene Verbgruppen:
• **Hilfsverben**: Sie helfen dabei, Verbformen zu bilden.
• **Modalverben**: Sie bezeichnen die Modalität (= die Art und Weise) des Geschehens.
• **Vollverben**: Sie bilden selbständig das Prädikat eines Satzes.

Die Konjugationen

Je nach Person, Numerus, Tempus usw. verändern sich Verben. Dies nennt man
Konjugation.

Person: 1., 2. und 3. Person
⟶ wird in der Personalendung ausgedrückt

Numerus: Singular oder Plural
⟶ wird in der Personalendung ausgedrückt

Tempus: Präsens, Präteritum, Perfekt, Plusquamperfekt, Futur I, Futur II
⟶ wird durch Suffixe oder Hilfsverben ausgedrückt

Modus: Indikativ, Konjunktiv, Imperativ

Genus Verbi (= Handlungsform): Aktiv, Passiv
⟶ Das Passiv wird immer durch eine Kombination aus Hilfsverb und Partizip II
   ausgedrückt.

Man unterscheidet zwischen einfachen und zusammengesetzten Verbformen.

Bei der Konjugation von Verben unterscheidet man zwischen starken, schwachen und gemischten Verben. Schwache Verben sind immer regelmäßige Verben, starke und gemischte Verben immer unregelmäßige Verben.

Schwache Verben haben ...

- in allen Formen denselben Stammvokal.
- im Präteritum das Suffix **-te-**.
- im Partizip II die Endung **-t**.

arbeiten, feiern, glauben, hören, lachen, leben, kochen, schenken, tanzen, ...

Die starken Verben ...

- verändern in manchen Formen den Stammvokal (=Ablaut).
- haben im Präteritum kein zusätzliches Suffix.
- im Partizip II die Endung **-en.**

rufen, finden, lassen, schlafen, lesen, sehen, geben, schieben, pfeifen, gleiten, halten ...

Die gemischten Verben haben ...

- wie die starken Verben verschiedene Stammvokale.
- wie die schwachen Verben das Suffix **-te-** im Präteritum und die Endung **-t** im Partizip II.

kennen, bringen, denken, brennen, nennen, rennen, ...

1 Markieren Sie im folgenden Text die Verben mit einem Textmarker oder unterstreichen Sie sie.

Andreas geht auf den Sportplatz. Unterwegs begegnet er Heike und Silvia. „Warum bist du gestern nicht gekommen?", fragen sie ihn. „Ich habe geschlafen", antwortet er. Sie lachen. „Du schläfst aber viel", meint Heike. „Aber jetzt können wir Fußball spielen", sagt Andreas. „Kommt!" Zusammen laufen sie auf den Sportplatz. Dort sind auch die anderen. Alle freuen sich und haben Spaß.

---

2 Kreuzen Sie die jeweils richtige Form an.

a) ich
- ▢ wohnt
- ▢ wohne
- ▢ wohnen

b) er, sie
- ▢ lernst
- ▢ lernen
- ▢ lernt

c) ihr
- ▢ arbeitet
- ▢ arbeiten
- ▢ arbeitest

d) wir
- ▢ brauche
- ▢ braucht
- ▢ brauchen

e) du
- ▢ gehen
- ▢ gehst
- ▢ geht

f) sie, Sie
- ▢ trinken
- ▢ trinkt
- ▢ trinkst

3 Ergänzen Sie die Konjugationstabellen.

	siegen	träumen	rufen
ich		träume	
du			rufst
er, sie, es			
wir	siegen		
ihr			
sie, Sie			

	riechen	fahren	spielen
ich			
du			
er, sie, es		fährt	
wir			
ihr	riecht		
sie, Sie			spielen

4 Welche Aussage ist falsch? Streichen Sie sie durch. ✳✳

a) Alle Passivformen werden mit zusammengesetzten Verben gebildet.

b) Konjugation nennt man die Änderung von Person, Numerus, Tempus usw. bei Verben.

c) Hilfsverben bilden selbstständig das Prädikat eines Satzes.

d) Schwache Verben haben in allen Formen denselben Stammvokal.

5 Setzen Sie das passende Verb ein. ✳✳

a) Ich .... mein Auto immer mit der Hand.

b) Er liebt sie nicht, er .... nur mit ihr.

c) Du .... immer, das Licht im Keller auszumachen.

d) .... du mir, den Schrank aufzubauen?

e) Wir .... die tolle Aussicht und frische Luft.

vergisst

genießen

wasche

hilfst

spielt

6 Ordnen Sie zu: Welches sind schwache, welches starke und welches gemischte Verben?

suchen sprechen kochen rennen tanzen

singen denken leben schwimmen bringen

starke Verben	gemischte Verben	schwache Verben
....	....	....
....	....	....
....	....	....
....	....	....

7 Bringen Sie die Wörter in die richtige Reihenfolge und die Verben in die richtige Form im Präsens.

a) fahren | Dennis | Spanien | nach | heute .

....

b) essen | Christine | gern | Fisch .

....

c) graben | der Hund | im Garten | ein Loch .

....

10

Das Verb (II)

Das Hilfsverb

Das Modalverb

Trennbare und nicht trennbare Verben

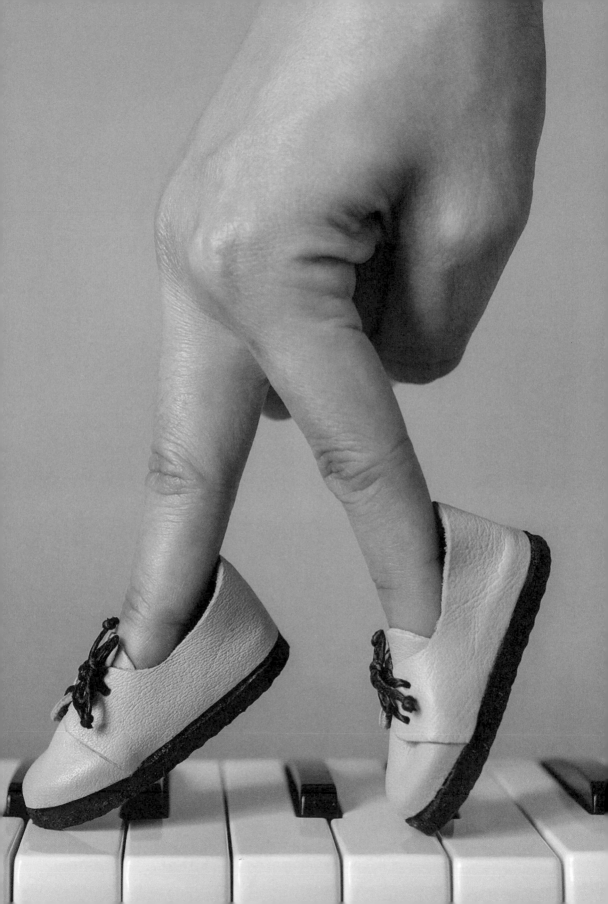

10 Auf einen Blick

Das Hilfsverb

Zur Bildung verschiedener Tempora und des Passivs dienen die drei Hilfsverben **haben**, **sein** und **werden**.

Infinitiv	haben	sein	werden
ich	habe	bin	werde
du	hast	bist	wirst
er / sie / es	hat	ist	wird
wir	haben	sind	werden
ihr	habt	seid	werdet
sie / Sie	haben	sind	werden

Die Hilfsverben dienen vor allem zur Bildung ...

• ... des Perfekts.
• ... des Futurs.
• ... des (Vorgangs-)Passivs.
• ... des Zustandspassivs.

Alle Hilfsverben können auch als Vollverben verwendet werden.

Ich habe (= besitze) einen Hund.

Das Modalverb

Die Modalität (Art und Weise) eines Geschehens wird durch Modalverben ausgedrückt.

Infinitiv	wollen	sollen	müssen	können	dürfen	mögen	möchten
ich	will	soll	muss	kann	darf	mag	möchte
du	willst	sollst	musst	kannst	darfst	magst	möchtest
er/sie/es	will	soll	muss	kann	darf	mag	möchte
wir	wollen	sollen	müssen	können	dürfen	mögen	möchten
ihr	wollt	sollt	müsst	könnt	dürft	mögt	möchtet
sie/Sie	wollen	sollen	müssen	können	dürfen	mögen	möchten

Die Modalverben haben auch im Präsens die Personalendung der Serie B.

Die Modalverben (außer sollen und möchten) ändern ihren Stammvokal zwischen Singular und Plural: m**u**sst/m**ü**ssen, w**i**ll/w**o**llen, m**a**g/m**ö**gen.

Modalverben können Verschiedenes ausdrücken:

- Erlaubnis
- Notwendigkeit
- Vermutung
- Wunsch
- Möglichkeit/Fähigkeit
- Verbot

Trennbare und nicht trennbare Verben

- Verben mit betonten Präfixen (z. B. **ab-**, **bei-**, **nach-**) sind trennbar.
- Verben mit unbetonten Präfixen (z. B. **be-**, **ge-**, **ver-**) werden nie getrennt.
- Bei Verben mit unterschiedlich betonten Präfixen (z. B. **durch-**, **über-**, **um-**) gilt: Sind die Präfixe betont, sind sie trennbar. Sind die Präfixe unbetont, sind sie untrennbar.

 1

Ergänzen Sie die Hilfsverben ✱✱
in der richtigen Form.

a) .... du meine

neue Brille gesehen? –

Nein, ich .... sie

nicht gesehen. (haben)

b) Wie alt .... Sie,

Herr Jost? – Ich ....

41 Jahre alt. (sein)

c) .... ihr schon einmal

in Venedig? (sein) – Nein, aber

wir .... dieses Jahr

hinfahren. (werden)

2

Sind die Formen von „haben", „werden" und „sein" in den ✱
Sätzen Vollverb (V) oder Hilfsverb (H)? Tragen Sie den
jeweiligen Buchstaben ins Kästchen ein.

a) Ich habe Kopfschmerzen.

b) Beeil dich, wir werden keine Plätze
mehr bekommen.

c) Haben Sie eine Erlaubnis, sich hier
aufzuhalten?

d) Du bist spät nach Hause gekommen.

3 Welches Modalverb passt? Streichen Sie das falsche durch.

a) Müsst / Möchtet ihr noch etwas Fleisch?

b) Ich bin krank. Ich darf / muss zum Arzt gehen.

c) Soll / Darf man hier rauchen?

d) Frau Pauli, Sie können / möchten hier warten.

4 Setzen Sie zu den Formen der Modalverben die passenden Personalpronomen ein.

a) ich / er / sie / es muss

e) .... sollst

b) .... / .... / .... müssen

f) .... / .... / .... / .... darf

c) .... / .... / .... / .... kann

g) .... wollt

d) .... / .... / .... / .... soll

h) .... willst

5 Setzen Sie die Modalverben in der richtigen Form ein.   ✳✳

müssen wollen dürfen
sollen können

a) Wir .... im Sommer
   nach Spanien fahren.

b) Helge ....
   am Samstag arbeiten.

c) Hier ....
   du nicht rauchen!

d) Mein Arzt sagt, ich ....
   weniger Wein trinken.

e) .... Sie einen
   Lastwagen fahren?

6 Welche dieser Verben sind trennbar, welche nicht? ✵✵
Sortieren Sie.

vergessen	vorstellen	abgeben	verschreiben
ausgehen	zumachen	entstehen	einkaufen
empfehlen	aufhören	wiederholen	loslassen

trennbar:

....
....
....
....
....
....
....

nicht trennbar:

....
....
....
....
....

7 Markieren Sie das richtige Modalverb mit einem ✵✵
Textmarker oder unterstreichen Sie es.

a) Kannst / Willst du heute schwimmen gehen? –
Nein, ich habe keine Lust.

b) Ich mögt / möchte ein Stück Apfelkuchen.

c) Sie will / soll ja schon wieder im Krankenhaus sein.

d) Wenn Sie nach Hamburg fliegen möchte / wollen,
sollen / müssen Sie in Frankfurt umsteigen.

Suchen Sie im Buchstabengitter neun Infinitive von trennbaren Verben. Setzen Sie diese Verben in der richtigen Form in die Lücken ein.

E	S	G	A	U	S	G	E	B	E	N
M	I	T	B	R	I	N	G	E	N	R
G	R	U	F	E	G	C	O	M	B	P
S	R	W	A	N	R	U	F	E	N	L
F	U	J	H	E	R	G	E	B	E	N
G	V	O	R	S	T	E	L	L	E	N
P	O	W	E	G	L	A	U	F	E	N
H	U	K	N	Z	U	B	I	E	T	R
H	E	R	D	A	R	Z	U	M	I	T
T	U	M	S	T	E	I	G	E	N	O

a) Astrid .... immer viel Geld für Schmuck ....

b) Der Zug .... um 16.51 Uhr ....

c) Wir .... unseren Freunden einen Kuchen ....

d) Bitte .... gleich .... , wenn ihr angekommen seid.

e) .... sofort den Teddy .... Der gehört mir!

f) Bitte .... uns deinen neuen Freund ....

g) Senta .... immer .... , wenn sie andere Hunde sieht.

h) In Köln .... ich ....

Sind die Verben trenn-
bar oder nicht? Ergänzen
Sie die Sätze. ✳✳✳

a) So ein Mistwetter. Komm,

wir .... uns hier

.... (unterstellen).

b) Das ganze Vorhaben ....

mir .... (missfallen).

c) Es ist besser, wir .... die

Dörfer .... (umfahren).

d) Er .... ihr ....,

seine Briefe gelesen zu haben

(unterstellen).

e) Schnell, sonst ....

der Zug .... (wegfahren)!

Bilden Sie Sätze. Einige Verben sind trennbar, andere nicht. ✳✳✳

a) zuhören | die Kinder |
dem Lehrer

....

....

b) vergessen | Lea | immer –
meinen Geburtstag

....

....

c) ausgehen | Tim | gern |
mit Franziska

....

....

d) verstehen | ich | den Text |
nicht

....

....

Der Indikativ (I)

11   Auf einen Blick

Was ist der Indikativ?

Der Indikativ ist der Modus der Wirklichkeit und der Tatsachen, die in der Gegenwart (Präsens), der Vergangenheit (Perfekt, Präteritum, Plusquamperfekt) und der Zukunft (Futur I und II) beschrieben werden. Man nennt den Indikativ auch die Wirklichkeitsform.

Der Indikativ ist einer der drei Modi (= Aussageweisen) des Deutschen. Daneben gibt es noch den Konjunktiv (= Möglichkeitsform) und den Imperativ (= Befehlsform).

Das Präsens

Schwache Verben

ich liebe, du liebst, er / sie / es liebt, wir lieben, ihr liebt, sie / Sie lieben

Starke Verben

ich sehe, du siehst, er / sie / es sieht, wir sehen, ihr seht, sie / Sie sehen

→ Starke Verben verändern ihren Stammvokal in der 2. und 3. Person Singular!

Das Präsens wird verwendet für ...

- ... Handlungen und Ereignisse der Gegenwart.
- ... wiederholte Tätigkeiten.
- ... allgemeine Tatsachen.
- ... Ereignisse, die in der Vergangenheit begonnen haben und bis in die Gegenwart andauern.
- ... Zukünftiges mit einer Zeitangabe.
- ... Vergangenes (= historisches Präsens).

Das Futur I

| Hilfsverb werden im Präsens | | Infinitiv des Vollverbs |

Das Futur I wird verwendet für ...

- ... zukünftiges Geschehen.
- ... Prognosen.
- ... Versprechen und feste Zusagen.
- ... Absichten und Vorsätze.
- ... Vermutungen über künftiges Geschehen.
- ... nachdrückliche Aufforderungen.

Das Futur II

| Hilfsverb werden im Präsens | | Partizip II des Vollverbs | | Infinitiv des Hilfsverbs haben oder sein |

Das Futur II wird verwendet für ...

- ... Handlungen und Ereignisse, die bis zu einem bestimmten Zeitpunkt in der Zukunft abgeschlossen sein werden.
- ... Vermutungen oder Annahmen über Vergangenes.
- ... nachdrückliche Aufforderungen.

1 Vervollständigen Sie die Sätze mit den vorgegebenen Verben. ✱✱

werden · kommt · einschlafen · ist · isst · telefonierst · fahrt

a) Ich kann ohne Musik nicht ....

b) Sie .... kein Fleisch, sie .... Vegetarierin.

c) Du .... immer so lange!

d) Max will später mal Schauspieler ....

e) Ihr .... doch sicher mit dem Auto, oder?

f) Wann .... ihr denn endlich? Wir warten!

2 Beantworten Sie die Fragen im Präsens. ✱✱

a) Wo steigen Sie aus? (in Augsburg)

....

b) Wann stehst du auf? (um halb sieben)

....

c) Wann zieht ihr um? (im April)

....

d) Wann fahren sie weg? (morgen früh)

....

3 Der Gebrauch des Präsens. Vermerken Sie bei jedem Satz, welcher Regel er folgt.

1) Handlung oder Ereignis in der Gegenwart.

3) Zukünftiges mit Zeitangabe

2) allgemeine Tatsache

4) regelmäßige oder wiederholte Tätigkeit

a) Die Blumen blühen im Frühling.

b) Cengiz spielt dreimal pro Woche Fußball.

c) Das Flugzeug startet morgen um 11.30 Uhr.

d) Wie schön, es schneit!

e) Der Mond kreist um die Erde.

f) Wir trinken immer Kaffee zum Frühstück.

g) Julia hört aufmerksam zu.

4 Setzen Sie das Verb in der richtigen Form im Präsens ein.

a) Ich .... (wissen) nicht viel über Genetik.

b) Du .... (nehmen) dir, wenn du Hunger .... (haben).

c) Ihr Ticket .... (gelten) hier nicht mehr. Sie sind schon in Zone B.

d) Und was .... (raten) du mir in dieser Situation?

5 Setzen Sie die passenden Endungen der Verben im Präsens ein.

Heute (a) feier...... wir Omas Geburtstag.
Zuerst (b) putz...... Papa die Wohnung, und Mama
(c) koch...... ein leckeres Essen. Ich (d) frag...... sie:
„Mama, was (e) schenk...... du Oma?" Sie (f) sag......:
„Ich (g) kauf...... ihr einen großen Blumenstrauß.
Was (h) kauf...... du ihr?" Ich (i) antwort......: „Ich
(j) schenk...... Oma eine CD, sie (k) lieb...... Musik.
Papa (l) kauf...... ihr ein Buch mit Witzen, denn
Oma (m) lach...... gerne und viel. Wir (n) hör......
Omas CD, (o) tanz...... und (p) feier...... bis in die
Nacht. (q) Lach...... und (r) tanz...... Sie auch so gern?

6

Setzen Sie die Sätze
ins Futur I. ✳✳

a) Peter fährt mit dem Auto nach
München.

Morgen .... er mit dem

Auto nach München ....

b) Er übernachtet bei einem
Freund.

Nächste Woche .... bei

einem Freund ....

c) Sie gehen auch aufs Oktoberfest.

Am Wochenende ....

....

7

Setzen Sie die richtigen Formen von „werden" zur
Bildung des Futur I ein. ✳✳

a) .... du die E-Mail an Frau Fischer noch schreiben?

b) Ich .... nächstes Jahr nach Frankreich fahren.

c) Er .... nach der Schule sicher studieren.

d) Wir .... euch im Sommer besuchen.

e) .... ihr morgen einen Vortrag halten?

8 Der Gebrauch des Futur I. Vermerken Sie bei jedem Satz, welcher Regel er folgt.

1) zukünftiges Geschehen

3) Absichten und Vorsätze

2) Vermutungen und Prognosen

4) nachdrückliche Aufforderung

a) Wir werden am Wochenende umziehen.

b) Im nächsten Jahr werde ich mich gesünder ernähren.

c) Das wirst du nicht noch einmal tun!

d) Sie wird wohl nicht mehr kommen.

e) Ihr werdet auf der Stelle verschwinden, oder ich rufe die Polizei!

f) Morgen wird dieses Gebäude abgerissen.

g) Wir werden uns sicher sehr wohl im neuen Haus fühlen.

9 Schreiben Sie die Sätze im Futur I.

a) Ich denke über das Angebot nach.

....

b) Wir machen in zwei Jahren eine Weltreise.

....

c) Er vergisst ihre Worte nie.

....

---

10 Beantworten Sie die Fragen,
indem Sie die Verben in das
Futur I setzen.

a) Hast du schon Pläne für den Sommer?

Ich .... nach Indien

.... (reisen).

b) Was macht Klaus eigentlich so?

Er .... bald ....

(heiraten).

c) Wisst ihr schon, was ihr mit dem
Klavier macht?

Ja, wir .... es

.... (verkaufen).

11 Welche der folgenden Aussagen sind falsch? ✻✻✻
Streichen Sie sie durch.

Das Futur II wird verwendet für …

a) … Handlungen und Ereignisse, die bis zu einem bestimmten Zeitpunkt in der Zukunft abgeschlossen sein werden.

b) … Wünsche und Hoffnungen und Annahmen.

c) … Vermutungen oder Annahmen über Vergangenes.

d) … Handlungen und Ereignisse, die anderen Handlungen und Ereignissen zeitlich vorausgegangen sind.

---

12 Vervollständigen Sie die Sätze mit den vorgegebenen ✻✻✻
Verben im Futur II.

a) Bald .... Roboter alle Produktionsschritte

vollständig .... (übernehmen)

b) Du .... die Strapazen des Examens

bald .... (vergessen)

c) Ihr .... sicher schon von Veronas

Neuigkeit .... (hören)

d) Bis Ende des Jahres .... die Firma die Brücke

fertig .... (bauen)

13 Formulieren Sie die ✳✳✳
Sätze im Futur.

a) Herr Gonzales fliegt am
Morgen nach München.

....

....

b) Mittags verhandelt er mit den
Kunden.

....

....

c) Und abends hat er den Vertrag
schon unterschrieben.

....

....

14 Schreiben Sie die Sätze im Futur II. ✳✳✳

a) Was ist da wohl passiert?

....

....

b) Er ist sicher schon
losgefahren.

....

....

c) Bis morgen haben Sie den
Bericht fertig geschrieben!

....

....

12

Der Indikativ (II)

Das Perfekt

Das Präteritum

Das Plusquamperfekt

12 Auf einen Blick

Das Perfekt

Hilfsverb haben / sein **im Präsens**		**Partizip II**

Das Perfekt mit **haben** bilden ...

- ... alle transitiven Verben
- ... alle reflexiven Verben
- ... einige intransitive Verben

Das Perfekt mit **sein** bilden intransitive Verben, wenn sie ...

- ... eine Fortbewegung oder gerichtete Bewegung bezeichnen.
- ... eine Veränderung bezeichnen (z. B. den Beginn oder das Ende einer Handlung).

Das Perfekt mit **sein** bilden außerdem die Verben **sein** und **bleiben**.

Mit dem Perfekt wird eine in der Vergangenheit abgeschlossene Handlung zum Ausdruck gebracht. Daher auch der Begriff „vollendete Vergangenheit". Mit dem Perfekt wird meist das Ergebnis oder die Folge dieser Handlung betont.

Das Präteritum

- Bei schwachen Verben ist das Tempussignal für das Präteritum das Suffix **-te-**.
- Bei starken Verben ist das Tempussignal für das Präteritum die Änderung des Stammvokals.
- Bei gemischten Verben ist das Tempussignal für das Präteritum die Mischung aus dem Suffix **-te-** und der Änderung des Stammvokals.

Mit dem Präteritum werden Handlungen in der Vergangenheit beschrieben. Man verwendet es hauptsächlich in der geschriebenen Sprache, z. B. in Erzählungen, Berichten, Artikeln usw. Die Verben **haben** und **sein** sowie die Modalverben und der Ausdruck **es gibt** werden auch in der gesprochenen Sprache im Präteritum verwendet.

Das Plusquamperfekt

Hilfsverb haben / sein im Präteritum		**Partizip II**

Das Plusquamperfekt (= Vorvergangenheit) wird verwendet, um in der Vergangenheit Vorzeitigkeit auszudrücken. D. h. die Handlung, die einer anderen zeitlich vorangegangen ist, steht im Plusquamperfekt, die spätere Handlung im Perfekt oder Präteritum.

1 Bilden Sie das Partizip II der Verben.

a) legen — *gelegt*
b) machen
c) kaufen
d) ablegen
e) ausmachen
f) einkaufen
g) aufhören
h) suchen
i) bestellen
j) gehören
k) studieren
l) telefonieren
m) versuchen
n) lachen

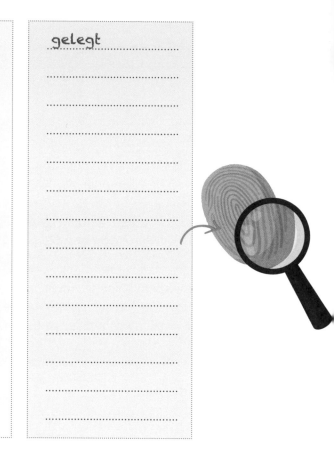

2 Vervollständigen Sie die Sätze im Perfekt.

kaufen bezahlen ausgeben

a) Was für ein Auto hast du ....?

b) Wie viel hast du dafür ....?

c) Hast du dein ganzes Geld für einen neue Limousine ....?

3 Welche der folgenden Aussagen sind richtig?
Kreuzen Sie an.

※※

▢ Transitive Verben bilden das Perfekt
immer mit „haben".

▢ Das Perfekt wird in der gesprochenen
Sprache selten verwendet.

▢ Das Perfekt wird auch „Vorvergangenheit"
genannt.

▢ Das Perfekt wird auch „vollendete
Vergangenheit" genannt.

4 Formulieren Sie die ※※※
Sätze im Perfekt.

a) anfangen | der Film | vor zehn
Minuten

....

....

b) sich verlieben | Pascal | in Olivia

....

....

c) versprechen | Rainer | seinem
Sohn | was ?

....

....

d) meinen Papa | beim Frühstück |
ich | füttern

....

....

5 Suchen Sie im Buchstabengitter acht Partizipien und setzen Sie sie in die Sätze unten ein.

E	S	G	E	F	A	H	R	E	N	C
M	I	E	B	R	G	T	X	E	N	R
G	E	S	T	O	H	L	E	N	V	P
E	R	E	A	N	R	U	F	E	N	L
G	E	H	A	L	T	E	N	B	E	G
L	V	E	R	S	T	E	L	L	E	E
A	O	N	E	R	S	G	C	H	T	H
U	U	K	N	Z	U	F	I	E	T	O
B	E	L	A	S	T	E	T	M	I	L
T	E	L	E	F	O	N	I	E	R	T

a) Sind Sie mit dem Zug oder mit dem Auto

.... ?

b) Die Diebe haben alles

Geld ....

c) Die Ministerin hat eine starke

Rede ....

d) Die Zeugin hat den Angeklag-

ten ....

e) Warum hast du nicht früher

mit mir .... ?

f) Hätte ich nur seine Lügen

nicht .... !

g) Entschuldigung, ich habe

Sie nicht ....

h) Paul hat die Milch

....

6 Setzen Sie die Perfekt-Sätze ins Präsens.

a) Pit ist spät zur Arbeit gekommen.

....

b) Tamara hat Tee mit Zitrone getrunken.

....

c) Wir sind aufs Oktoberfest gegangen.

....

7 „Haben" oder „sein"? Vervollständigen Sie die Sätze.

a) Im Urlaub .... wir nach Griechenland geflogen.

b) Wir .... ins Reisebüro gegangen und .... uns die Reise gebucht.

c) Lara .... im Urlaub viele Nachrichten geschrieben.

d) Unsere Eltern .... immer Kirchen besichtigt.

e) Wir .... aber auch oft baden gegangen.

8 Setzen Sie die Verben in die jeweils andere Zeitform. ✳

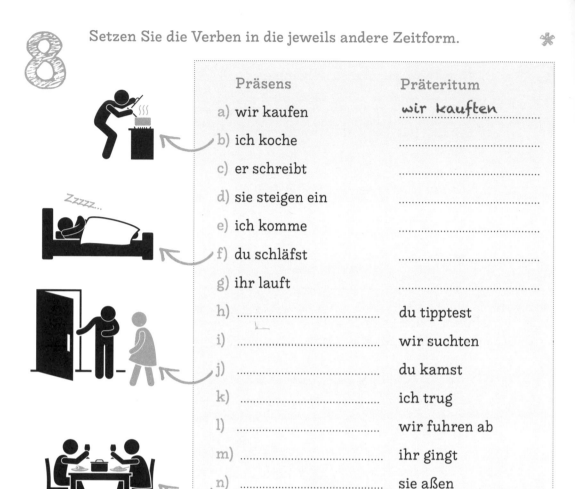

Präsens	Präteritum
a) wir kaufen	wir kauften
b) ich koche	....
c) er schreibt	....
d) sie steigen ein	....
e) ich komme	....
f) du schläfst	....
g) ihr lauft	....
h)	du tipptest
i)	wir suchten
j)	du kamst
k)	ich trug
l)	wir fuhren ab
m)	ihr gingt
n)	sie aßen

9 Setzen Sie die Verben im Präteritum ein. ✳✳

a) Letzten Sommer .... wir in Pisa.
   (sein)

b) .... ihr viel für die Reise bezahlen?
   (müssen)

c) Nein, wir .... ein sehr günstiges
   Hotel. (haben)

d) Ich .... leider keinen Urlaub
   machen. (können)

10 Welcher Satz ist falsch? Streichen Sie ihn durch. ✲

a) Anne lernte letztes Jahr
schwimmen.

b) Anne hat letztes Jahr
schwimmen gelernt.

c) Anne wollte letztes Jahr
schwimmen lernen.

d) Anne schwamm letztes Jahr
gelernt haben.

11 Setzen Sie das passende ✲✲✲
Verb im Präteritum ein.

a) Die Frau .... sehr,
als sie von dem Unglück hörte.

b) Als er an der Angel
.... , war der Fisch
schon auf und davon.

d) Du .... wohl, ich hätte
dich verraten.

e) Er .... mich, morgen
mit den Fotos vorbeizukommen.

f) Als Kinder .... wir oft
auf dem Baum am alten Freibad.

sitzen

ziehen

denken

bitten

erschrecken

12 Ergänzen Sie die Verben im Plusquamperfekt.

a) Vorher .... er einen Termin

.... (vereinbaren).

b) Sie kam erst, nachdem sie

.... (duschen).

c) Ich .... zuvor noch nie Sushi

.... ,

aber es schmeckte mir. (essen).

13 Entscheiden Sie, ob die Verben im Perfekt oder im Plusquamperfekt stehen müssen. Markieren Sie die richtige Form.

a) Ich habe / hatte dich gestern gesehen, als du aus der Reinigung gekommen bist / warst.

b) Er ist / war doch noch zur Party gekommen, nachdem er seine Arbeit beendet hat / hatte.

c) Sobald der Zug losgefahren war / ist, war / ist er ins Bordrestaurant gegangen.

d) Nachdem er das Studium beendet hat / hatte, machte er eine Weltreise.

14 Verbinden Sie die Satzhälften. ✱✱✱

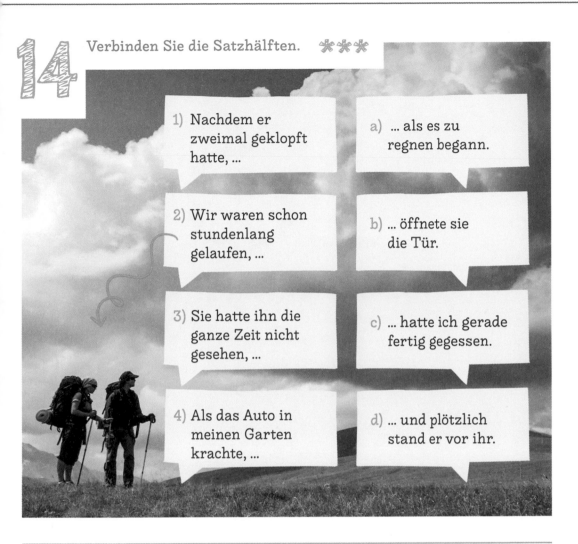

1) Nachdem er zweimal geklopft hatte, ...

a) ... als es zu regnen begann.

2) Wir waren schon stundenlang gelaufen, ...

b) ... öffnete sie die Tür.

3) Sie hatte ihn die ganze Zeit nicht gesehen, ...

c) ... hatte ich gerade fertig gegessen.

4) Als das Auto in meinen Garten krachte, ...

d) ... und plötzlich stand er vor ihr.

15 Formulieren Sie die Sätze in der Vergangenheit mit Präteritum und Plusquamperfekt. ✱✱✱

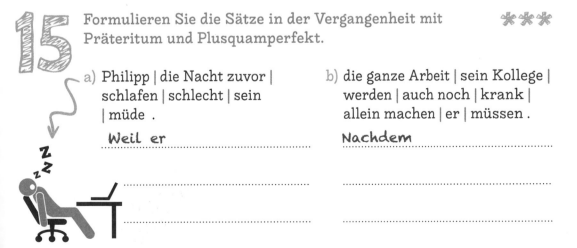

a) Philipp | die Nacht zuvor | schlafen | schlecht | sein | müde .

Weil er ....

....

b) die ganze Arbeit | sein Kollege | werden | auch noch | krank | allein machen | er | müssen .

Nachdem ....

....

13

Der Konjunktiv

13 Auf einen Blick

Was ist der Konjunktiv?

Der Konjunktiv ist neben dem Indikativ und dem Imperativ einer der drei Modi (= Aussageweisen) des Deutschen. Der Konjunktiv (= Möglichkeitsform) wird verwendet, um Wünsche und Hoffnungen, Vermutungen und Annahmen, Bedingungen sowie Nicht-Wirkliches zum Ausdruck zu bringen. Außerdem wird mit dem Konjunktiv die indirekte Rede gebildet.

In der deutschen Sprache werden zwei Konjunktive unterschieden:

Konjunktiv I	Konjunktiv II
abgeleitet vom Präsens des Verbs	abgeleitet vom Präteritum des Verbs
wird vor allem für die indirekte Rede verwendet	wird vor allem für Wünsche und Hoffnungen, Vermutungen und Annahmen, Bedingungen und Nicht-Wirkliches verwendet

Konjunktiv I und Konjunktiv II gibt es in den folgenden Zeitstufen:

Konjunktiv I	Konjunktiv II
Präsens	Präteritum
Perfekt	Plusquamperfekt
Futur I	Futur I
Futur II	Futur II

Neben den oben genannten Verwendungsmöglichkeiten des Konjunktivs kommt dieser auch in festen Wendungen vor. Außerdem wird der Konjunktiv oft als Höflichkeitsform verwendet. Manchmal findet man den Konjunktiv auch in Rezepten und mathematischen Aufgabenstellungen.

Der Konjunktiv I

- Präsens:
  Verbstamm Präsens + Endungen **-e/-est/-e/-en/-et/-en**

- Perfekt:
  Personalform Konjunktiv I **sein/haben** + Partizip Perfekt des Vollverbs

- Futur I:
  Personalform Konjunktiv I **werden** + Infinitiv des Vollverbs

- Futur II:
  Personalform Konjunktiv I + Partizip Perfekt des + Infinitiv des Hilfsverbs
  werden   Vollverbs   **sein/haben**

Der Konjunktiv II

- Präteritum – unregelmäßige Verben:
  Verbstamm Präteritum + Endungen **-e/-est/-e/-en/-et/-e**

> Bei den unregelmäßigen Verben gilt es einige Ausnahmen zu beachten.

- Präteritum – regelmäßige Verben:
  Konjunktiv Präteritum = Indikativ Präteritum

- Plusquamperfekt:
  Personalform Konjunktiv II **sein/haben** + Partizip Perfekt des Vollverbs

- Futur I:
  Personalform Konjunktiv II **werden** + Infinitiv des Vollverbs

- Futur II:
  Personalform Konjunktiv II + Partizip Perfekt des + Infinitiv des Hilfsverbs
  werden   Vollverbs   **sein/haben**

Welche Aussage ist falsch? Streichen Sie sie durch. ✷✷

a) Mit dem Konjunktiv wird die indirekte Rede gebildet.

b) Der Konjunktiv wird oft als Höflichkeitsform verwendet.

c) Der Konjunktiv I wird vor allem für Wünsche und Vermutungen verwendet.

d) Der Konjunktiv II wird vom Präteritum des Verbs abgeleitet.

Ergänzen Sie die Konjugationstabellen für den Konjunktiv I. ✷✷

	sein	haben	werden
ich		habe	
du			
er, sie, es			
wir	seien		
ihr			
sie, Sie			werden

3 Hanna telefoniert mit einer Freundin. Formulieren Sie in der indirekten Rede. ✳✳

a) „Ich habe jetzt eine Katze."

Hanna sagt, sie

....

b) „Ich halte sie jetzt gerade im Arm."

Hanna sagt, dass sie

....

c) „Sie ist total süß!"

Hanna sagt, dass die Katze

....

---

4 Welches Wort gehört in die Lücke? ✳✳

füge / lebe / ruhe / gebe

a) Maria .... hoch!

b) Man .... die Nudeln ins kochende

Wasser und .... ein Prise Salz hinzu.

c) Dein Großvater war alt. Er ....
in Frieden.

Ergänzen Sie die Konjugationstabellen für den
Konjunktiv II.

	sein	haben	werden
ich	....	*hätte*	....
du	....	....	....
er, sie, es	....	....	....
wir	*wären*	....	....
ihr	....	....	....
sie, Sie	....	....	*würden*

Setzen Sie „haben" oder „sein" in der passenden
Form im Konjunktiv II ein.

a) Anna-Lena .... lieber
   15 Jahre älter.

b) Wir .... auch gern
   mehr Geld auf der Bank.

c) Lara .... so gern mit
   Alf zusammen.

d) Ich .... lieber ein
   Zimmer mit Meerblick.

7 Beantworten Sie die Fragen mit dem Konjunktiv II der Vergangenheit. ✳✳

a) Habt ihr Waschmittel gekauft?

– Ja, aber wir .... beinahe das falsche ....

b) Hast du die Prüfung bestanden?

– Nein, aber ich .... sie fast ....

c) Seid ihr in den Ferien weggefahren?

– Leider nicht, aber wir .... gerne ....

8 Bringen Sie die Sätze in die richtige Reihenfolge. Die Verben müssen im Konjunktiv II stehen. ✳✳✳

a) Es ist schon spät.
längst | Peter | da sein | müssen .

....

b) Es ist 23 Uhr.
schlafen | die Kinder | jetzt | müssen | schon längst .

....

c) Die Ferien sind vorbei, ausschlafen | sonst | ihr | dürfen .

....

d) Paul hat Magenschmerzen. Kaffee | er | sollen | keinen | trinken .

....

9 Welche Kombinationen passen zusammen?

a) ... doch nur nicht so viele Mäuse mitbringen würde.

1) Wenn Alex freund-licher gewesen wäre, ...

b) ... sie hätte gern drei oder vier.

2) An deiner Stelle würde ich ...

c) ... mir einen neuen Arzt suchen.

3) Wenn unsere Katze ...

d) ... hätte sie ihn nicht zum Teufel gejagt.

4) Beatrice hat nur eine Schwester, aber ...

---

10 Was wäre gewesen, wenn ... Formulieren Sie die Sätze um. ✳✳✳

a) Hasan ist ohne Mütze hinausgegangen. Jetzt hat er Ohrenschmerzen.

Wenn Hasan nicht ohne Mütze .... ,

.... er jetzt keine Ohrenschmerzen.

b) François hat zu viel Rotwein getrunken. Ihm brummt der Kopf.

Wenn François nicht zu viel Rotwein .... ,

.... ihm nicht der Kopf ....

11 Ein Unfall. Vollenden Sie die Sätze im Konjunktiv II. ✳✳✳

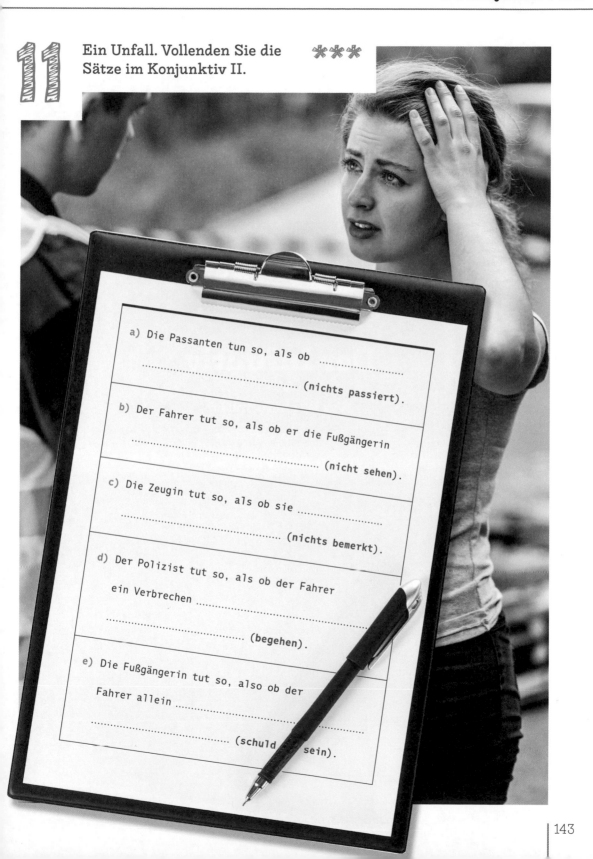

a) Die Passanten tun so, als ob ....
.... (nichts passiert).

b) Der Fahrer tut so, als ob er die Fußgängerin
.... (nicht sehen).

c) Die Zeugin tut so, als ob sie ....
.... (nichts bemerkt).

d) Der Polizist tut so, als ob der Fahrer
ein Verbrechen ....
.... (begehen).

e) Die Fußgängerin tut so, also ob der
Fahrer allein ....
.... (schuld ..... sein).

Der Infinitiv

Was ist ein Infinitiv?

Der reine Infinitiv

Der Infinitiv mit „zu"

lesen

reden

spielen

helfen

gehen

tanzen

schlafen

singen

Was ist ein Infinitiv?

Der Infinitiv ist die Grundform des Verbs. Er ist in Person und Numerus unveränderlich.

In der Regel hat der Infinitiv die Endung **-en**:

Verbstamm	Endung -en

Ausnahmen bilden Verben, die auf **-ern**, **-eln** und **-n** enden, wie z. B.: bagg**ern**, samm**eln**, tu**n**.

Der Infinitiv kann entweder als reiner Infinitiv verwendet werden oder zusammen mit dem Infinitivpartikel **zu**.

Der reine Infinitiv

Der reine Infinitiv steht ...

* ... nach den Modalverben **wollen**, **sollen**, **müssen**, **können**, **dürfen**, **mögen** und **möchten**.
* ... nach den Verben **lassen** und **bleiben**.
* ... nach bestimmten Verben der Wahrnehmung, wie z. B. **hören** und **sehen**.
* ... nach einigen einfachen Fortbewegungsverben, vor allem nach dem Verb **gehen**.
* ... nach den Verben **helfen**, **lehren**, **lernen**.
* ... in Futur I und Futur II.
* ... in der **würde**-Form des Konjunktivs.
* ... bei Anweisungen.

Der Infinitiv mit „zu"

Der Infinitiv mit **zu** steht …

- … bei Verben oder Ausdrücken, die eine Absicht oder Meinung zum Ausdruck bringen.
- … bei Verben, die Phasen einer Handlung (Anfang, Ende oder Verlauf) ausdrücken.
- … bei den Verben **scheinen** und **brauchen**.
- … beim Hilfsverb **haben** (in der Bedeutung **müssen**).
- … beim Hilfsverb **sein** (in passivischer und modaler Bedeutung).
- … nach den Konjunktionen **um**, **ohne**, **anstatt**.
- … nach bestimmten Wendungen, wie z. B. **die Freude haben, die Gelegenheit haben, die Möglichkeit haben, das Problem haben, Schwierigkeiten haben, Zeit haben**.
- … nach bestimmten Adjektiven und Partizipien, wie z. B. **bereit, entschlossen, erlaubt, verboten, erfreut, erstaunt, gewohnt, schwer, leicht, stolz, überzeugt, wichtig**.
- … anstelle eines dass-Satzes (vor allem dann, wenn das Subjekt des Hauptsatzes mit dem Subjekt des dass-Satzes identisch ist).

Es ist verboten, die Straße zu befahren.

1 Formen Sie die Sätze wie im Beispiel um. ✵✵

Ich höre, dass Evelyn singt.
Ich höre Evelyn singen.

b) Wir hören, dass der
Bus kommt.

....

....

a) Thomas sieht, dass seine
Mutter bügelt.

c) Wir hören, dass jemand schreit.

....

....

2 Setzen Sie die passenden Verben im Infinitiv ein. ✵✵

fahren bleiben spielen
schwimmen kommen

a) Wir dürfen im Garten

.... ,

sagt Mama.

d) Wir müssen zu Hause

.... ,

das Auto ist kaputt.

b) Möchtet ihr mit uns
zum Tanzkurs

.... ?

e) Ich will nicht im Meer

.... ,

das ist gefährlich!

c) Timmi kann schon Rad

....

3 Setzen Sie die passenden Verben ein, die den reinen Infinitiv verlangen.

✳✳

werde dürft geht sah
helfe musst lassen

a) In den Ferien .... ihr den ganzen Tag spielen.

b) Du darfst dir das nicht länger gefallen .... !

c) Ich .... Harry mit meiner Freundin tanzen.

d) Anton .... am liebsten alleine wandern.

e) Heute .... ich dir die Küche putzen.

f) Aber aufräumen .... ich erst morgen.

g) Du .... hier langsam fahren.

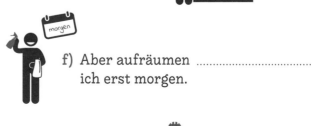

4 Ordnen Sie die passenden Satzteile einander zu. ✳✳

1) Wir hoffen sehr, ...

2) Meine Freunde lieben es, ...

3) Ich wurde aufgefordert, ...

4) Sie haben begonnen, ...

a) ... direkt ins Meer zu springen.

b) ... mein Passwort zu ändern.

c) ... Ihnen bald mehr sagen zu können.

d) ... das alte Kino abzureißen.

 5 Bilden Sie die Sätze mit dem Infinitiv + „zu" um. ✳✳

a) Henry streitet ab, dass er Monika kennt.

....

b) Eva denkt nicht daran, dass sie pünktlich sein soll.

....

c) Um 8 Uhr beginnt er mit der Arbeit.

....

d) Wann hört ihr mit dem Streit auf?

....

6 Welches Wort fehlt im Satz? Setzen Sie ein.

 ist | um | hat

a) Die meisten Leute arbeiten, ... zu leben.

b) Manuela .... das ganze Wochenende zu arbeiten.

c) Luis .... wirklich zu bedauern.

7 Ergänzen Sie „zu", wenn es nötig ist.

a) Es ist schön, Sie endlich kennen........lernen.

b) Sie beabsichtigt, das Angebot .... akzeptieren.

c) Seit drei Wochen lernt er .... schwimmen.

d) Er erinnert sich, das Lied schon mal gehört .... haben.

e) Wir versuchen, jeden Samstag joggen .... gehen.

f) Ich höre schon die Gäste .... kommen.

15

Das Partizip

Das Partizip I

Das Partizip II

lachend

gelacht

gewusst

liebend

geliebt

weinend

lesend

gelesen

bewegend

spielend

gelobt

gespielt

15 Auf einen Blick

Das Partizip I

Verbstamm	Endung -end

Da das Partizip aus einem Verb gebildet und meist wie ein Adjektiv eingesetzt wird, wird es auch Verbaladjektiv genannt. In dieser Funktion wird es auch entsprechend dekliniert:

der beißende Hund, der lesenden Frau, dem strahlenden Gesicht, ...

Das Partizip I kann gebraucht werden ...

* ... als Attribut: die singenden Vögel
* ... als Adverb: Er ging lachend davon.

Wie ein Adjektiv kann das Partizip I auch selbst zum Substantiv werden:

der Arbeitende   die Lachende

In der Verbindung mit **zu** bekommt das Partizip I passivische Bedeutung und drückt zusätzlich eine bestimmte Modalität (meist Notwendigkeit) aus:

eine <u>zu</u> erledigende Arbeit
der einzuschlagende Weg

Das Partizip II

Schwache Verben

Vorsilbe ge-	Verbstamm	Endung -t/-et

Starke Verben

Vorsilbe ge-	Verbstamm (mit Stammvokalwechsel)	Endung -en

Als Attribut wird das Partizip II dekliniert wie ein Adjektiv:

der genervte Hausmeister, der gefüllten Flasche, dem gestohlenen Fahrrad …

Das Partizip II wird in Kombination mit den Hilfsverben **haben**, **sein** und **werden** zur Bildung der zusammengesetzten Zeiten benötigt:

- Perfekt: Sie <u>hat</u> den Abschluss geschafft.
- Plusquamperfekt: 2016 <u>hatten</u> sie geheiratet.
- Futur II: Er <u>wird</u> geträumt <u>haben</u>.
- Passiv: Sie <u>wurde</u> geliebt.

Wie ein Adjektiv kann das Partizip II auch selbst zum Substantiv werden:

der Geliebte   die Gefürchteten

Das Partizip II kann auch verwendet werden …

- … als Attribut: die gewaschene Wäsche
- … als Adverb: Die Wäsche hängt gewaschen an der Leine.

1 Formen Sie zu Konstruktionen im Partizip I um.

der Mann, der arbeitet ↦ *der arbeitende Mann*

a) die Vögel, die singen ↦ ....

b) die Frau, die lacht ↦ ....

c) der Junge, der geht ↦ ....

d) der Mann, der isst ↦ ....

2 Setzen Sie die Verben im Partizip I ein.

a) Lena hängte .... im Garten die Wäsche auf. (singen)

b) Sie blickte auf ihre .... Kinder und ihren auf der

Terrasse .... Mann. (spielen, arbeiten).

c) Auf der Straße fuhr ein Junge

.... auf dem Fahrrad vorbei. (pfeifen)

d) Den Duft der ....

Wäsche ...., ging

sie .... ins Haus, um sich einen Kaffee zu machen. (trocknen, riechen, lächeln)

3 Tragen Sie in die Tabelle Partizip I und Partizip II
der Verben ein.   ✽✽

Verb	Partizip I	Partizip II
a) lachen		
b) lesen		
c) trinken		
d) beißen		
e) wissen		
f) bewegen		
g) schreien		
h) schweigen		
i) lieben		

4 Formen Sie um mit dem Partizip I.   ✽✽✽

Arbeit, die erledigt werden muss ↦ *zu erledigende Arbeit*

a) Diagramme, die ausgedruckt
   werden müssen ↦

....

c) das Medikament, das
   geschluckt werden muss ↦

....

b) die Bücher, die gelesen
   werden müssen ↦

....

5 Setzen Sie die Verben im Partizip II an der passenden Stelle ein. ✱✱✱

Die Schauspielerin Maria Stipper

hat gestern den Oscar

(a) .... Zuvor hatte

sie schon in vielen Filmen

(b) .... , war sehr oft

(c) .... , mehrmals

(d) .... worden, hatte

immer wieder (e) ....

und wurde immer wieder

(f) .... Jetzt ist sie

sehr glücklich.

nominieren

enttäuschen

auffallen   erhalten

mitspielen

hoffen

---

6 Ergänzen Sie Partizip I oder Partizip II. ✱✱

a) Sie brachten uns eine aus Holz .... Figur mit. (schnitzen)

b) Die Firma hat Anträge mit falsch .... Beträgen geschickt. (berechnen)

c) Die Lotion hat eine .... Funktion. (schützen)

d) Man kann schon die .... Affen hören. (schreien)

7 Unterstreichen Sie die richtige Form. ❋❋

a) Er setzt sich an den deckenden / gedeckten Tisch.

b) Gegrillte / Grillende Würstchen
schmecken am besten.

c) Das neu eröffnende / eröffnete
Geschäft läuft sehr gut.

d) Vor gelaufener / laufender Kamer
erzählt sie ihre Geschichte.

---

8 Partizip I oder Partizip II? Setzen Sie die Verben ❋❋❋
in der richtigen Form ein.

befürchten verletzen arbeiten
veröffentlichen funktionieren

a) Im Auto befanden sich vier
.... Personen.

b) Sie stellt ihr gerade neu ....
Buch vor.

c) Schwer körperlich ....
Personen sind besonders gefährdet.

d) Wegen der schlecht ....
Kommunikation gibt es immer Probleme.

e) Wegen der zu ....
Rezession sind die Menschen sparsam.

16

Das Passiv

Was ist das Passiv?

Persönliches und unpersönliches Passiv

Das Vorgangspassiv

Das Zustandspassiv

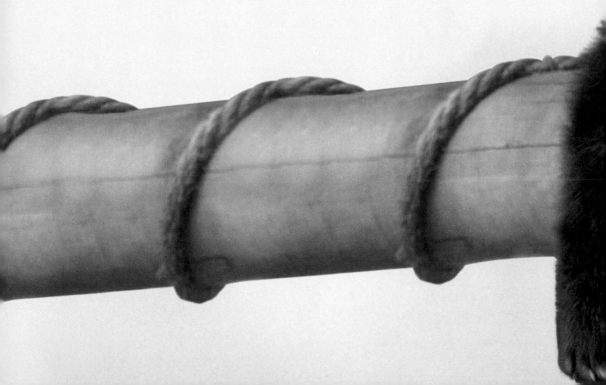

16 Auf einen Blick

Was ist das Passiv?

Passiv

Vorgangspassiv

Das Essen wird gekocht.

↑

Der Ablauf einer Handlung
steht im Mittelpunkt.

Zustandspassiv

Das Essen ist gekocht.

↑

Der Zustand nach einer Handlung,
steht im Mittelpunkt.

Auch Modalverben können für Passivkonstruktionen verwendet werden:

Das Fahrrad muss / kann / soll repariert werden.

Persönliches und unpersönliches Passiv

Persönliches Passiv
Ein persönliches Passiv liegt dann vor, wenn derjenige, der von der Handlung
betroffen ist, genannt wird und Subjekt des Passivsatzes ist:

<u>Die Zeitung</u> wurde heute Morgen zugestellt.

Unpersönliches Passiv
Wird derjenige, der von der Handlung betroffen ist, nicht genannt und bildet
stattdessen das Pronomen **es** das Subjekt des Satzes, nennt man das
unpersönliches Passiv:

Es wurde damals nicht darüber geredet.

Daneben gibt es noch den subjektlosen Passivsatz. Hierbei entfällt das Pronomen **es**
und ein anderes Satzglied steht am Satzanfang:

Geredet wurde **damals nicht darüber.**

Das Vorgangspassiv

- Präsens: Form von **werden** (Präsens)   + Partizip II
- Präteritum: Form von **werden** (Präteritum) + Partizip II
- Perfekt: Form von **sein** (Präsens)   + Partizip II + worden
- Plusquamperfekt: Form von **sein** (Präteritum)   + Partizip II + worden
- Futur I: Form von **werden** (Präsens)   + Partizip II + werden
- Futur II: Form von **werden** (Präsens)   + Partizip II + worden sein

Das Essen wird gekocht.

Das Zustandspassiv

- Präsens: Form von **sein** (Präsens)   + Partizip II
- Präteritum: Form von **sein** (Präteritum)   + Partizip II
- Perfekt: Form von **sein** (Präsens)   + Partizip II + gewesen
- Plusquamperfekt: Form von **sein** (Präteritum)   + Partizip II + gewesen
- Futur I: Form von **werden** (Präsens) + Partizip II + sein
- Futur II: Form von **werden** (Präsens) + Partizip II + gewesen sein

Das Essen ist gekocht.

1 Was wird dort gemacht?
Ergänzen Sie die Sätze im Passiv Präsens.

| Filme drehen | tanzen | Patienten behandeln |

a) Im Studio ....

b) Beim Arzt ....

c) In der Disco ....

---

2 Bilden Sie mit den Verben in Klammern
Passivsätze im Präteritum.

a) Die Brücke .... letztes

Jahr .... (bauen).

b) Das Auto .... von der

Polizei .... (anhalten).

c) Meine Augen ....

vom Augenarzt ....

(untersuchen).

d) Das Fahrrad ....

erst gestern ....

(reparieren).

e) Den Spuren ....

gründlich ....

(nachgehen).

3 Formulieren Sie so um, dass alle Tätigkeiten im Passiv beschrieben werden. ❋❋

a) Wir braten die Eier in der Pfanne.

Die Eier ....

....

b) Wir servieren den Tee im Kännchen.

Der Tee ....

....

c) Wir kochen Kartoffeln im Topf.

Kartoffeln ....

....

d) Wir machen die Salate in einer Schüssel an.

Salate ....

....

e) Wir servieren Wein in Gläsern.

Wein ....

....

Formen Sie die Sätze ins unpersönliche Passiv um.
Im Urlaub ist (fast alles) erlaubt:

a) Man darf lange schlafen.

  ↦ Es darf ....

  ....

b) Man kann tagsüber faulenzen.

  ↦ ....

  ....

c) Man muss nicht arbeiten.

  ↦ ....

  ....

d) Man sollte aber auch etwas
   für die Fitness tun.

  ↦ ....

  ....

Verwandeln Sie die Aktiv- **＊＊**
in Passivsätze, in denen die hervorgehobenen Wörter Subjekt sind.

a) Man wird in den Zügen Fernseher
   installieren. – In den Zügen ....

  ....

b) Jemand hat mich seit Tagen
   beobachtet. – Seit Tagen ....

  ....

c) Er steuerte das Flugzeug sicher
   durch das Gewitter. – Das

   Flugzeug ....

  ....

d) Man trinkt diesen Wein am besten
   zu Fisch. – Am besten ....

  ....

6

Renovierungspläne. Formulieren Sie die Sätze im Passiv Futur I. ✳✳✳

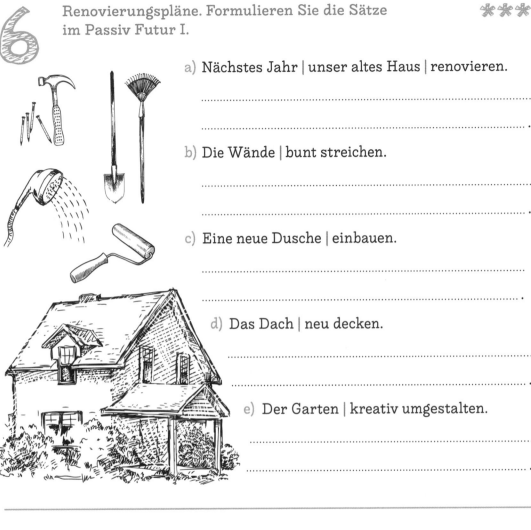

a) Nächstes Jahr | unser altes Haus | renovieren.

....

....

b) Die Wände | bunt streichen.

....

....

c) Eine neue Dusche | einbauen.

....

....

d) Das Dach | neu decken.

....

....

e) Der Garten | kreativ umgestalten.

....

....

7

„Worden" oder „geworden"? Ist „werden" in diesen Sätzen Vollverb oder Hilfsverb? ✳✳

a) Peter ist Ingenieur worden / geworden.

b) Er hat Karriere gemacht und ist schnell befördert worden / geworden.

c) Susi ist krank worden / geworden und von ihrer Mutter sehr umsorgt worden / geworden.

Vervollständigen Sie die Antworten im Zustandspassiv.

Habt ihr das Auto schon repariert? ↦ Ja, das Auto ist repariert.

a) Die Blumen
   müssen noch
   gegossen
   werden.

b) Wir müssen
   die Gäste
   informieren.

c) Schließt du
   bitte die
   Garage ab?

a) Nein, die Blumen

   .... schon

   ....

b) Keine Panik, die

   Gäste ....

   schon ....

c) Wieso?

   Die .... doch

   schon ....

Ein langweiliger Sonntag auf dem Land.
Formulieren im Zustandspassiv.

a) Die Geschäfte .... (schließen)

b) Die Kirchen .... (öffnen)

c) Der Kuchen .... (backen)

d) Der Rasen .... (mähen)

e) Die Wohnung .... (putzen)

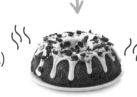

10 Alles schon erledigt ... Formulieren im
Zustandspassiv im Präteritum.

Tanja ist etwas später zu ihren Freunden in den
Campingurlaub nachgekommen. Als sie ankam ...

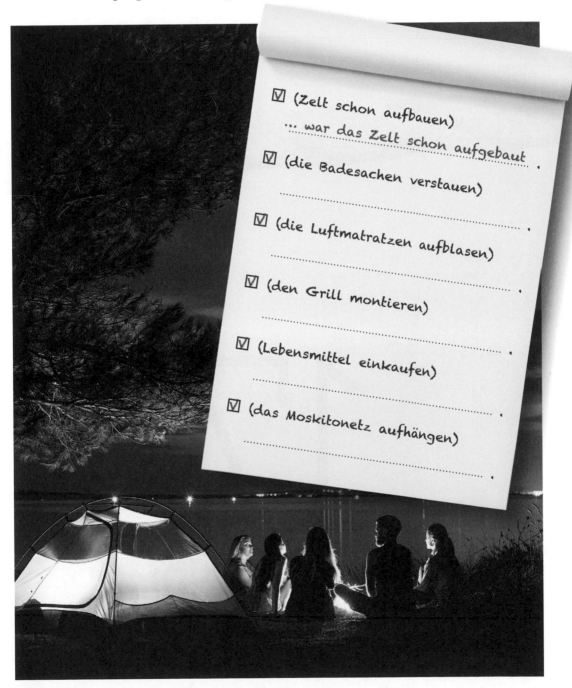

☑ (Zelt schon aufbauen)
... war das Zelt schon aufgebaut .

☑ (die Badesachen verstauen)
....

☑ (die Luftmatratzen aufblasen)
....

☑ (den Grill montieren)
....

☑ (Lebensmittel einkaufen)
....

☑ (das Moskitonetz aufhängen)
....

17

Die Konjunktion

Die nebenordnende Konjunktion

Die unterordnende Konjunktion

Die Konjunktionaladverbien

17 Auf einen Blick

Die nebenordnende Konjunktion

Konjunktionen (= Bindewörter) verbinden Wörter, Wortgruppen und Sätze miteinander. Sie sind unveränderlich und werden kleingeschrieben. Nebenordnende Konjunktionen verbinden gleichrangige Wörter, Wortgruppen und Sätze.

additiv
- und
- sowie
- sowohl ... als auch

restriktiv
- jedoch
- sofern
- soweit

adversativ
- aber
- sondern
- wogegen

disjunktiv
- entweder ... oder
- oder

vergleichend
- als
- wie

kausal
- denn

Die Konjunktionaladverbien

Neben den Konjunktionen können auch bestimmte Adverbien Hauptsätze miteinander verbinden, die man daher Konjunktionaladverbien nennt. Konjunktionaladverbien können – anders als nebenordnende Konjunktionen, die immer am Satzanfang stehen – auch andere Positionen im Satz einnehmen und stehen in der Regel im zweiten von zwei Hauptsätzen.

- also
- auch
- daher
- deshalb
- deswegen
- sonst
- trotzdem

Die unterordnende Konjunktion

Unterordnende Konjunktionen – oft auch Subjunktionen genannt – leiten Nebensätze ein. Sie stellen damit einen logischen Zusammenhang zwischen Haupt- und Nebensatz her.

modal
- dadurch, dass
- indem
- wodurch
- womit

final
- dass
- damit
- um ... zu

kausal
- da
- weil
- zumal

konzessiv
- obgleich
- obschon
- obwohl
- wenngleich
- wenn ... auch

konditional
- wenn
- falls
- sofern
- soweit

konsekutiv
- als dass
- sodass
- dass

restriktiv
- soviel
- soweit
- außer dass

komparativ
- als
- als ob
- je ... desto

temporal
- als
- bevor
- bis
- ehe
- nachdem
- seit
- seitdem
- solange
- sooft
- wenn
- während

adversativ
- während
- wohingegen

substitutiv
- anstatt dass
- statt dass

1 Ergänzen Sie die Sätze mit den fehlenden Konjunktionen. ✳

und	aber	oder

a) Soll ich lieber Trompete .... Posaune spielen?

b) Sie hat es nicht leicht, ... sie beklagt sich nie.

c) Wir lassen das Auto stehen .... fahren mit der U-Bahn.

---

2 Unterstreichen Sie die richtige Konjunktion. ✳

a) Wir kommen gerne auch / und bringen Grillfleisch mit.

b) Jana bleibt heute zu Hause, denn / doch sie ist stark erkältet.

c) Die Fähre legt gleich ab, oder / doch es warten immer noch viele Menschen auf eine Überfahrt.

d) Sie kauft sich kein Auto, sondern / oder ein Motorrad.

3 Ordnen Sie die passenden Satzteile einander zu. ✶✶

1) Entweder werden Mitarbeiter entlassen, …

2) Die Firma hat nicht nur 45 % Frauen in leitenden Positionen, …

c) … und dabei verdienen sie mehr als in den Wintermonaten.

3) Die Firma wurde doch nicht verkauft, …

a) … sondern wurde auch als besonders familienfreundlich ausgezeichnet.

d) … sondern mit Staatsgeldern vor dem Konkurs gerettet.

4) Die Fotografen sind im Sommer viel unterwegs …

b) … oder sie müssen mit Lohnkürzungen rechnen.

4 Eine Konjunktion ist falsch. Streichen Sie sie durch. ✶

a) Er hat nicht dich gerufen, sondern / aber mich.

c) Sie leben zusammen, wollen sondern / aber nicht heiraten.

b) Du siehst zwar gut aus, sondern / aber du kannst nicht singen.

5 Verbinden Sie die Satzpaare mit der angegebenen Konjunktion. ✳✳

a) Eva und Tobias heiraten. Tobias hat eine Stelle. (**sobald**)

....

b) Ich helfe dir. Du wirst schneller fertig. (**damit**)

....

c) Ich fühle mich nicht alt. Ich werde jedes Jahr älter. (**obwohl**)

....

d) Marek hatte einen Unfall.
Er war neun Jahre alt . (**als**)

....

....

e) Wir freuen uns. Bald fahren
wir nach Barcelona. (**dass**)

....

....

6 Stellen Sie die Sätze um.
Beginnen Sie mit dem Nebensatz. ✳✳

a) Paul hat Schulden, weil er viel Geld ausgibt.

....

b) Ich erkläre dir die Aufgabe, wenn du möchtest.

....

c) Jonas schlief schon, als seine Eltern kamen.

Zzzzz...

....

7

Welche Konjunktion
passt in die Lücke?
Kreuzen Sie an.

☐ dass
☐ damit

a) Ich muss mehr trainieren, ... ich wieder fit werde.

☐ wenn
☐ als

b) Wir sind umgekehrt, ... es angefangen hat zu regnen.

☐ nachdem
☐ sooft

c) ...... er kann, trifft Ben sich mit seiner Freundin.

☐ soviel
☐ solange

d) Ich arbeite mit meinem alten Laptop, ... er noch
funktioniert.

☐ sobald
☐ zumal

e) Hilf in der Küche, ... du den Tisch gedeckt hast.

☐ sodass
☐ soweit

f) ...... ich weiß, hat Frida Kahlo das gemalt.

☐ je ... desto
☐ wenn ... auch

g) ...... teurer das Parfüm, ... größer die Freude.

8 Unterstreichen Sie in den Sätzen jeweils die Konjunktion und bestimmen Sie die Art des Nebensatzes.

a) konsekutiver Nebensatz
b) finaler Nebensatz
c) temporaler Nebensatz
d) kausaler Nebensatz
e) adversativer Nebensatz
f) konzessiver Nebensatz

1) Er ging schwimmen, obwohl er von den Krokodilen wusste.

2) Ich stehe jeden Tag früh auf, sodass ich Zeit zum Frühstücken habe.

3) Anstatt sich müde zu fühlen, war Ina nach dem 10-Kilometer-Lauf noch recht fit.

4) Gerald geht zum Optiker, da er eine Brille braucht.

5) Es ist jetzt drei Jahre her, seitdem der neue Rasen verlegt wurde.

6) Nimm die Tablette, damit du bald wieder gesund wirst.

9 Vervollständigen Sie die Sätze mit der passenden Konjunktion.

dass falls als bis

a) .... ich dich getroffen habe, wusste ich nicht, ... Tanzen so viel Spaß macht.

b) Anne wurde als Topmodel entdeckt, ... sie aus dem Taxi stieg.

c) Ich leihe dir gern einen Schirm aus, ... das Wetter schlecht wird.

10 Ergänzen Sie die Sätze mit dem passenden Konjunktionaladverb. Streichen Sie die falschen Varianten durch. ✳✳✳

a) Der Minister ist im Haus, **trotzdem** / **deswegen** / **sonst** wird er Sie nicht empfangen.

b) Sie müssen sich sofort melden, **trotzdem** / **deswegen** / **sonst** wird ihr Platz vergeben.

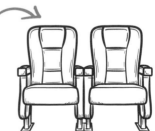

c) Er kam oft zu spät, **trotzdem** / **deswegen** / **sonst** wurde ihm gekündigt.

---

11 Vervollständigen Sie die Sätze mit dem passenden Konjunktionaladverb. ✳✳✳

| trotzdem | außerdem | sonst | deshalb |

a) Leonie ist heute schon um 5 Uhr aufgestanden, ... tut sie das nie.

b) Sascha hat noch von gestern Kopfschmerzen, ... trinkt er schon wieder Wein.

c) Simone hat ebenfalls Kopfschmerzen, ... schläft sie heute länger.

d) Oma kann nicht kommen, ... tut ihr der Rücken weh.

18

Der Satz

Die Satzglieder

Das Attribut

Die Valenz der Verben

18 Auf einen Blick

Die Satzglieder

Ein Satz besteht aus einzelnen Wörtern bzw. Wortgruppen, die jeweils eine bestimmte Funktion im Satz übernehmen: die sogenannten Satzglieder.

Das Subjekt

Das Subjekt steht immer im Nominativ und gibt Auskunft darüber, welche Person oder welche Sache maßgeblich an einer Handlung beteiligt oder von einem Geschehen betroffen ist. Das Subjekt kann ein Substantiv oder ein Pronomen sein.

Wer oder was?

Das Prädikat

Das Prädikat enthält immer eine konjugierte Verbform. Das Prädikat beschreibt, was geschieht. Das Prädikat besteht aus dem finiten Verb und gegebenenfalls weiteren Verbteilen. Bei Prädikaten mit den Hilfsverben **sein**, **werden** und **bleiben** nennt man die nicht-verbalen Teile „Prädikativ".

Was passiert?

Das Objekt

Das Objekt wird auch Satzergänzung genannt. Im Deutschen unterscheidet man:

- Akkusativobjekt
- Dativobjekt
- Genitivobjekt
- Präpositionalobjekt

Wen?

Wem?

Wessen?

Präposition + Objekt

Das Adverbial

Ein Adverbial – auch adverbiale Bestimmung genannt – gibt die näheren Umstände einer Handlung oder eines Geschehens an. Im Deutschen unterscheidet man:

- Temporaladverbial
- Modaladverbial
- Lokaladverbial
- Kausaladverbial

Das Attribut

Die einzelnen Satzglieder können durch Attribute (= Beifügungen) ergänzt werden. Man unterscheidet zwischen Adjektiv- und Genitivattribut:

- Adjektivattribut:
  Der berühmte Autor schreibt gerade an seinem neuen Roman.

- Genitivattribut:
  Der kleine Junge wohnte mit seinen Eltern am Rande der Stadt.

Das Attribut ist kein eigenes Satzglied, sondern ein Satzgliedteil. Es kann daher auch nicht losgelöst von seinem Bezugswort innerhalb des Satzes verschoben werden.
Ein Satz kann mit Attributen erweitert werden, ohne dass sich dadurch die Anzahl der Satzglieder erhöht.

Die Valenz der Verben

Die Art und Zahl der Ergänzungen, die ein Verb fordert, nennt man Valenz des Verbs. Das Verb ist damit zentraler Bestandteil eines Satzes, da viele der anderen Satzglieder von ihm abhängen.

Verben können ...

- ... nur ein Subjekt haben.
- ... ein Subjekt und ein Akkusativobjekt haben.
- ... ein Subjekt und ein Dativobjekt haben.
- ... ein Subjekt und ein Präpositionalobjekt haben.
- ... ein Subjekt, ein Akkusativobjekt und ein Dativobjekt haben.
- ... ein Subjekt, ein Akkusativobjekt und ein Präpositionalobjekt haben.

1 Fragen Sie nach dem Subjekt des Satzes wie im Beispiel.

Der Künstler malt ein Bild.
Wer malt ein Bild? Der Künstler.

a) Ein Mann geht durch die Tür.

....

b) Die Birne fällt vom Baum.

....

c) Die Toilette ist kaputt.

....

2 Markieren Sie in den Sätzen jeweils das Prädikat mit einem Textmarker oder unterstreichen Sie es. ✳✳

a) Wir essen im Restaurant.
Der Kellner bringt die Speisekarte.

b) Das Auto liegt auf der Seite.
Die Frontscheibe ist zerbrochen.

c) Oma hat mir am Telefon
eine lange Geschichte erzählt.

d) Der Wasserhahn tropft.
Ich muss ihn reparieren.

e) Ich habe das Auto nicht gekauft.
Es war zu teuer.

3 Markieren Sie in den Sätzen das Objekt. ✳✳

a) Gestern haben die Polizisten viele Radfahrer kontrolliert.

b) Hast du meine Brille gesehen?

c) Ein Stück Kuchen können Sie doch noch essen, oder?

d) Johanna schickt ihrer Freundin ein Paket.

e) Benjamin renoviert sein Schlafzimmer.

4 Hat der Satz ein Akkusativobjekt (A) oder ein Dativobjekt (D)? Tragen Sie den entsprechenden Buchstaben ins Kästchen ein ✳✳

a) Lisa liebt Paul.

b) Die Ärztin hilft dem Patienten.

c) Alois isst einen Schweinebraten.

d) Der Videoclip gefällt allen.

e) Dieses Sofa gehört uns.

f) Ich habe vier Eisbecher bestellt.

5 Wessen? Setzen Sie das Genitivobjekt in der richtigen Form ein.

Diebstahl   beste Gesundheit   Untreue

a) Opa erfreut sich ....

b) Der Verdächtige wurde .... überführt.

c) Manuela bezichtigt ihren Mann ....

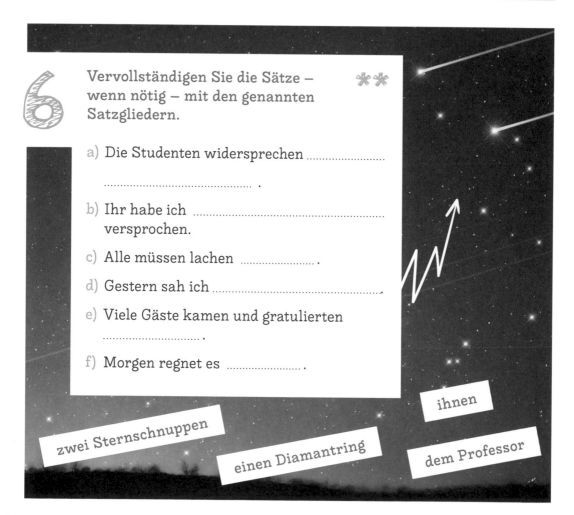

6 Vervollständigen Sie die Sätze – wenn nötig – mit den genannten Satzgliedern.

a) Die Studenten widersprechen ....

....

b) Ihr habe ich .... versprochen.

c) Alle müssen lachen ....

d) Gestern sah ich ....

e) Viele Gäste kamen und gratulierten

....

f) Morgen regnet es ....

zwei Sternschnuppen

einen Diamantring

ihnen

dem Professor

Fragen Sie nach dem Präpositional-objekt wie im Beispiel.

Worauf wartet Peter? ↦
Peter wartet auf den Bus.

a) ....? ↦
   Wir freuen uns auf den Urlaub.

b) ....? ↦
   Lisa erinnert sich an ihre Uroma.

c) ....? ↦
   Ich gratuliere dir zum Geburtstag.

d) ....? ↦
   Philipp ärgert sich über seinen Bruder.

e) ....? ↦
   Carolin denkt an ihre Kollegen.

f) ....? ↦
   Esther denkt an den vorigen Abend.

Erweitern Sie die Sätze um das Adverbial in der Klammer.

a) Frau Ammer fährt nach
   Brüssel. (ohne ihren Mann)

   ....

   ....

b) Wir gehen ins Theater.
   (heute Abend)

   ....

   ....

c) Thomas wohnt in Rostock.
   (seit drei Jahren)

   ....

   ....

Kennzeichnen Sie in den Sätzen die einzelnen Satzglieder wie im Beispiel und beantworten Sie dann die
Fragen zu den Attributen.

Subjekt	Prädikat	(Präpositional-) Objekt	Adverbial

Der kleine Junge wartet auf dich am Rande der Stadt.

Welcher Junge? (Adjektivattribut)

↦ der kleine (Junge)

An wessen Rand? (Genitivattribut)

↦ (am Rande) der Stadt

a) Der alte Mann schreibt einen langen Brief

mit einem blauen Füller.

Welcher Mann? ↦ ....

Was für einen Brief? ↦ ....

Mit was für einem Füller? ↦ ....

b) Der berühmte Gitarrist spielt ein beeindruckendes Solo.

Welcher Gitarrist? ↦ ....

Was für ein Solo? ↦ ....

c) Das hochbegabte Kind hat eine Klasse übersprungen

und geht nun in die Klasse seiner großen Schwester.

Welches Kind? ↦ ....

Was für eine Klasse?

↦ ....

10 Diese Verben fordern nur ein Subjekt, aber kein Objekt. ✳
Doch welches Verb gehört wohin?

| lächeln | fahren | arbeiten | schwimmen |

a) Der nette Herr

....

c) Der fleißige Mann

....

b) Der Sportler

....

d) Das Auto

....

11 Diese Verben haben ein Subjekt ✳✳
und ein Akkusativobjekt.
Aber die Reihenfolge und die
Verbformen stimmen nicht.
Bringen Sie sie in Ordnung.

a) Kuchen | Oma | einen | backen

....

b) das Mädchen | lieben | Moritz

....

c) Brief | lesen | Angelika | den

....

d) der Kormoran | fangen | Fisch | den

....

e) lieben | dich | ich

....

12 Welche Aussage ist falsch? Streichen Sie sie durch. ✳✳✳

a) Es gibt Verben, die ein Akkusativobjekt und ein Dativobjekt haben.

b) Viele der anderen Satzglieder hängen vom Verb ab.

c) Die Art und Zahl der Ergänzungen, die ein Verb fordert, nennt man Valenz der Verben.

d) Die Valenz der Verben hängt vom Subjekt des Satzes ab.

13 Diese Verben haben ein Subjekt und ein Dativobjckt. Setzen Sie das Objekt in der richtigen Form ein. ✳✳

a) Der junge Mann hilft .... (alte Dame)

b) Die alte Dame dankt .... (junger Mann)

c) Das Geld gehört .... (meine Eltern).

d) Diese Hose passt .... nicht. (du)

e) .... gefällt der Hamburger Hafen. (wir)

14 Wie ist die Valenz der Verben in den folgenden Sätzen? ✳✳✳
Haben sie nur **ein Subjekt (0)**, haben sie **ein einziges
Objekt (1)** oder haben sie **zwei Objekte (2)**? Lassen Sie sich
nicht von Adverbialen und Attributen irritieren! Tragen
Sie die entsprechenden Ziffern in die Kästchen ein.

a) Andreas kocht sich und seiner
   Familie morgens immer Kaffee.

b) Ich arbeite am liebsten zu Hause,
   abends in der Dämmerung.

c) Ich hole dir gerne noch ein Bier.

d) Herr Richter, mein Mandant hofft
   auf einen milden Urteilsspruch.

e) Thomas hat mir gestern
   Vormittag seine Hilfe versprochen.

f) Wir müssen euch noch über
   die Details informieren.

g) Ein heißer Kaffee mit zwei Stück
   Zucker genügt mir am Morgen.

19

Die Wortstellung im Satz

Die fünf grammatischen Felder

Der Aussagesatz

Der Fragesatz

19 Auf einen Blick

Die fünf grammatischen Felder

Ein Satz besteht im Deutschen aus mehreren sogenannten Feldern. Es sind mindestens die Felder finites Verb und Mittelfeld vertreten. Die meisten Sätze haben außerdem ein Vorfeld und ein infinites Verb am Ende. In einigen Sätzen gibt es nach dem infiniten Verb ein Nachfeld.

Das Vorfeld

Das Vorfeld ist die erste Position des Satzes, also der Satzanfang. Dort steht ein Satzglied, das aus mehreren Wörtern bestehen kann. Häufige Satzglieder im Vorfeld sind:

- das Subjekt
- textverbindende Elemente (wie Konjunktionaladverbien)
- Kontextinformationen (temporale, kausale, modale, lokale Abgaben; ggf. auch Nebensätze)

Das Mittelfeld

Das Mittelfeld ist die Satzmitte. Die Abfolge im Mittelfeld ist nicht fest geregelt. Es lassen sich nur einige Tendenzen angeben:

- Wichtiges am Ende
- Bekanntes vor Neuem
- kurze Elemente vor längeren Elementen
- Substantiv vor Präpositionalobjekten
- Pronomen vor Substantiven
- Pronomen vor Präpositionalobjekten
- Reihenfolge der Substantive: Nominativ, Dativ, Akkusativ, Genitiv
- Reihenfolge der Pronomen: Nominativ, Akkusativ, Dativ
- Reihenfolge der Adverbialen: temporal, kausal, modal, lokal

Das Nachfeld

Im Nachfeld können umfangreiche Satzglieder stehen, vor allem Nebensätze, aber auch präzisierende Zusatzinformationen oder Vergleiche.

Der Aussagesatz

Mit einem Aussagesatz wird etwas berichtet oder festgestellt.

Beim Aussagesatz ist das Vorfeld immer besetzt und das finite Verb steht an zweiter Position im Satz.

Gibt es in einem Satz sowohl ein finites als auch ein infinites Verb, bilden die beiden Teile des Prädikats eine Satzklammer. Eine Satzklammer wird gebildet von:

• trennbaren Verben
• Modalverben + Infinitiv
• Tempusformen (Perfekt, Plusquamperfekt, Futur I und II)
• **sein** + Prädikativ
• Passiv
• Konjunktiv II (**würde**-Form)

Der Fragesatz

Im Deutschen unterscheidet man zwei Typen von Fragesätzen:

W-Fragen
Fragen mit Fragewort

Ja/Nein-Fragen
Verbfragen oder Entscheidungsfragen

W-Fragen beginnen mit einem Fragewort im Vorfeld.

Das Verb steht an zweiter Position. W-Fragen können auch als indirekte Frage im Nebensatz stehen. Das Fragewort wird dann zur Konjunktion.

Ja/Nein-Fragen beginnen mit einem finiten Verb.

Das Vorfeld ist nicht besetzt. Ja/Nein-Fragen können auch als indirekte Frage im Nebensatz stehen. Als Fragewort wird die Konjunktion **ob** verwendet.

1 Zeichnen Sie neben jeder richtigen Antwort einen lachenden Mund ☺ in das Gesicht und neben jeder falschen einen traurigen Mund ☹.

⊙ Die fünf grammatischen Felder heißen Vorfeld, finites Verb, Mittelfeld, infinites Verb, Nachfeld.

⊙ Jeder Satz hat mindestens ein Vorfeld, ein Mittelfeld und ein Nachfeld.

⊙ Jeder Satz hat mindestens ein finites Verb und ein Mittelfeld.

⊙ Die Reihenfolge der Angaben im Mittelfeld ist genau festgelegt.

⊙ Das Subjekt steht häufig im Vorfeld.

⊙ Im Nachfeld können umfangreiche Satzglieder stehen, etwa Nebensätze.

⊙ Im Mittelfeld steht oft Bekanntes vor Neuem und Wichtiges am Ende.

⊙ Jeder Satz muss ein finites und ein infinites Verb enthalten.

⊙ Das finite und das infinite Verb umschließen das Mittelfeld mit der sogenannten Satzklammer.

⊙ Im Nachfeld kann kein Verb mehr stehen.

2 Rechts- oder Linksattribut? Platzieren Sie sie sinnvoll.

klassische in der Philharmonie neue

jüngere , das gerade gebaut wird meiner Cousine

a) Das .... Haus ....

b) Der .... Bruder ....

c) Das .... Konzert ....

196

3 Ein Satz wächst. Gehen Sie die folgenden Aufgaben   ✱✱✱
Schritt für Schritt durch.

a) Markieren Sie im folgenden Satz die drei
grammatischen Felder **Vorfeld**, finites Verb
und Mittelfeld mit verschiedenen Farben.

Die nette Frau gibt dem Mann die Zigarren.

b) Erweitern Sie nun den Satz durch ein infinites
Verb, indem Sie ihn in ins Perfekt setzen.

Die nette Frau .... **dem Mann die Zigarren**

....

c) Erweitern Sie nun den Satz um ein Nachfeld, indem Sie einen Nebensatz
anhängen mit den Wörtern gewünscht / die / sich / er / hat.

....

....

d) Erweitern Sie nun den Satz um **Attribute/Adverbiale** an passenden Stellen:
aromatisch duftenden / seit Langem / attraktiven / der Marke „Cubana"

....

....

....

4 Helfen Sie Meister Yoda und korrigieren Sie
die Wortstellung der Sätze.   ✳

a) Dunkel die Zukunft ist.

....

b) Hungrig wir sind.

....

c) Die Birnen reif sind.   d) Luke stark bleiben muss.

....

---

5 Bringen Sie die Sätze in die richtige Reihenfolge
und die Verben in die richtige Form.   ✳✳

a) um 8.15 Uhr | Gleis 17 | abfahren | auf | der ICE 225 .

....

b) nicht | Zahnarzt | wollen | ich | gehen | zum .

....

c) das Frühstück | Papa | vorbereiten | jeden Morgen .

....

d) im Supermarkt | Heiko | heute | einkaufen .

....

e) wunderbar | können | du | tanzen | Tango .

....

f) teuer | die Mieten | sehr | sein | teuer | in
München.

....

6 Formulieren Sie die Sätze um. Beginnen ✳✳
Sie mit dem hervorgehobenen Satzteil.

a) Florian geht **heute Nachmittag** zum Zahnarzt.

....

b) Ich habe **gestern** einen Brief von Yoshiko
bekommen.

....

....

c) Auf dieser Straße ist **morgens und abends**
immer Stau.

....

....

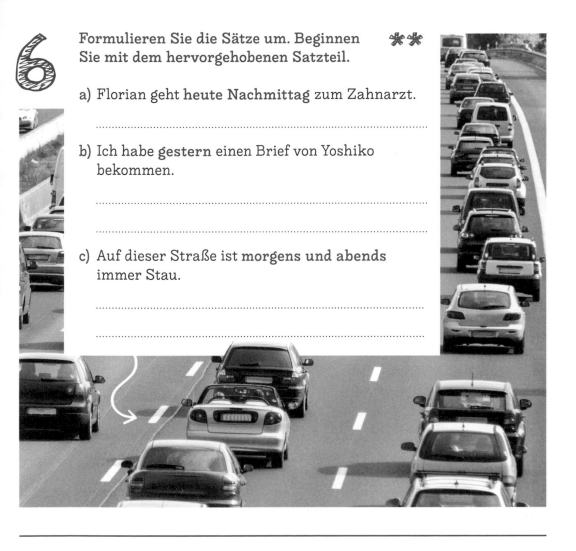

7 Vervollständigen Sie die Sätze mit den Adverbialen in ✳
Klammern und achten Sie auf die richtige Satzstellung.

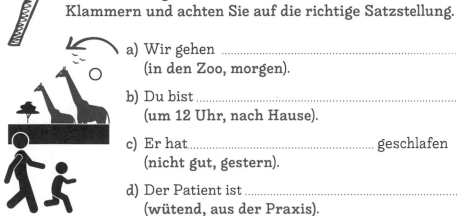

a) Wir gehen ....
(in den Zoo, morgen).

b) Du bist .... gefahren
(um 12 Uhr, nach Hause).

c) Er hat... geschlafen
(nicht gut, gestern).

d) Der Patient ist .... gerannt
(wütend, aus der Praxis).

8 Ersetzen Sie in der Antwort die hervorgehobenen Wörter durch Pronomen. Achten Sie auf die Wortstellung.

a) Hat der Arzt dir **das Rezept** gegeben?

Ja, er hat .... gegeben.

b) Bringst du mir bitte **die Zeitung** mit?

Nein, ich kann .... nicht mitbringen.

c) Habt ihr **euren Eltern** schon **eure Zeugnisse** gezeigt?

Ja, wir haben .... schon gezeigt.

---

9 Ordnen Sie die passenden Satzteile einander zu.

1) Das Wildschwein verschwand nach der Begegnung ...

2) Er erwachte am späten Vormittag etwas ...

3) Im März bereiteten sie sich ...

4) Die Mannschaft verlor am Wochenende ...

a) ... gründlich auf die Prüfungen vor.

b) ... schnell wieder in den Wald.

c) ... knapp das Turnier in Belgien.

d) ... verwirrt in einem fremden Zimmer.

Setzen Sie das richtige Fragewort ein.

wer was wann wo welche warum

a) Ihr neues Auto ist eingetroffen. .... kommen Sie, um es

abzuholen?

b) Kannst du mir mal erklären, ... dein Problem ist?

c) Und .... sind Sie, wenn ich fragen darf?

d) Ich habe so viele Schuhe, dass ich nicht

weiß, ... ich anziehen soll?

e) Sie haben die Hochzeit abgesagt, aber

.... weiß ich nicht.

f) Wir suchen jetzt schon seit einer

halben Stunde. .... ist denn nun

das tolle Restaurant?

---

11 Welche Antwort gehört zu welcher Frage?
Verbinden Sie.

2) Wie heißen Sie?

a) Simon Hofer.

b) In Heidelberg.

1) Wann kommt Laura?

3) Wo wohnst du?

c) Erst übermorgen.

12 Formen Sie die Aussagesätze in Fragesätze um.

b) Unsere Mannschaft wird das Spiel gewinnen.

....

a) Das Training hat bereits begonnen.

....

c) Leon ist in Rosa verliebt.

....

13 Formulieren Sie als Fragen ✳✳✳
in der angegebenen Zeitform.

a) machen / du / schon mal / Paragliding (Perfekt)

....

....

b) mitfliegen / du / mit mir / wollen (Präsens)

....

....

c) sollen / zum Essen / dich / einladen / ich / danach (Präsens)

....

....

14 Welche Frage passt? Kreuzen Sie an.

a) Meinen Freund Frank.

- [ ] Wer wohnt hier?
- [ ] Wen besuchst du?

d) Nach Hause.

- [ ] Wo ist Gudrun?
- [ ] Wohin geht Gudrun?

b) Morgen Nach-mittag.

- [ ] Wer kommt?
- [ ] Wann kommt Robert?

e) Danke, gut.

- [ ] Wie geht es dir?
- [ ] Bist du glücklich?

c) Aus Kiel.

- [ ] Wohin fährt der Zug?
- [ ] Woher kommt der Zug?

f) Er ist Bäcker.

- [ ] Was ist er von Beruf?
- [ ] Was isst Martin Fuchs?

15 Ergänzen Sie die Sätze mit dem richtigen Fragewort. ✳✳✳

ob   wann   wer

a) Er will wissen, ... der Bus kommt.

b) Sie hat gefragt, ... du gerade arbeitest.

c) Darf ich fragen, ... hier zuständig ist?

20

Besondere Satzarten

Der Imperativsatz

Die indirekte Rede

Die Verneinung

20 Auf einen Blick

Der Imperativsatz

Imperativsätze – auch Befehlssätze genannt – werden verwendet für ...

- ... Aufforderungen
- ... Verbote
- ... Ratschläge
- ... Bitten
- ... Vorschläge

Der Imperativ drückt sich durch die entsprechende Verbform aus, die bei Imperativsätzen am Satzanfang steht. Imperativformen kommen nur im Präsens vor und es gibt regelmäßige und unregelmäßige Imperativformen. Neben dem eigentlichen Imperativ können auch andere Verbformen imperativisch gebraucht werden.

Regelmäßige Formen des Imperativs

	gehen	warten	nehmen
Sie-Form	Gehen Sie weiter!	Warten Sie auf mich!	Nehmen Sie das hier!
Du-Form	Geh weiter!	Warte auf mich!	Nimm das hier!
Ihr-Form	Geht weiter!	Wartet auf mich!	Nehmt das hier!

Unregelmäßige Formen des Imperativs

	fahren	essen	lesen	sein
Sie-Form	Fahren Sie los!	Essen Sie!	Lesen Sie!	Seien Sie ruhig!
Du-Form	Fahr los!	Iss!	Lies!	Sei ruhig!
Ihr-Form	Fahrt los!	Esst!	Lest!	Seid ruhig!

Die indirekte Rede

Mit der indirekten Rede wird die Äußerung eines anderen Sprechers wiedergegeben. Sie wird kenntlich gemacht durch einleitende Verben wie **sagen** oder **fragen** – häufig in Verbindung mit der Konjunktion **dass** – und der Verwendung des Konjunktivs.

Bei der Umwandlung der direkten in die indirekte Rede entfallen die Anführungszeichen, Personalpronomen werden ebenso angepasst wie Angaben zu Zeit und Ort und die Verbformen werden umgeformt.

Direkte Rede	Indirekte Rede
Präsens	Konjunktiv Präsens
Perfekt / Präteritum	Konjunktiv Perfekt
Futur I	Konjunktiv Futur I

Wenn die Form des Konjunktiv I mit dem Indikativ übereinstimmt (z. B. in der 1. Person Singular), wird der Konjunktiv II oder eine Ersatzform mit **würde** verwendet.

Die Verneinung

Im Deutschen gibt es die Verneinung ...

- ... von ganzen Sätzen
- ... von einzelnen Satzgliedern
- ... durch die Negationswörter
  nein und **kein**
- ... durch Pronomen und Adverbien
- ... durch Konjunktionen
- ... durch Präfixe und Suffixe
- ... durch Verben
- ... sowie die doppelte Verneinung.

1 Bilden Sie den Imperativ in der jeweils passenden Form. ✳✳

a) Du sollst kommen. Komm!

b) Du sollst sprechen.

c) Du sollst zuhören.

d) Du sollst essen.

e) Du sollst still sein.

f) Wir sollten helfen. Helfen wir!

g) Wir sollten einsteigen.

h) Wir sollten aufhören.

i) Ihr sollt die Fenster öffnen. Öffnet die Fenster!

j) Ihr sollt ruhig sein.

k) Ihr sollt aufpassen.

2 Formulieren Sie Aufforderungen wie im Beispiel ✳✳
in der Sie-Form.

eintreten Treten Sie ein!

a) Tür schließen ↦ ....

b) den Anweisungen folgen ↦ ....

....

c) langsamer sprechen ↦ ....

d) hier unterschreiben ↦ ....

3 Formulieren Sie folgende
Fragen in Bitten um.

✳✳

a) Gehst du etwa schon?

Bitte .... doch noch nicht.

b) Seid ihr immer so unvor-

sichtig?

Bitte .... etwas vor-

sichtiger.

c) Sind Sie schon mit der

Seilbahn gefahren?

.... doch mal

mit der Seilbahn.

4 Welche Sätze passen zusammen?

✳✳

1) Ich bin immer
so müde.

a) Dann helft mir doch
beim Putzen.

2) Meine Kamera
ist kaputt.

b) Hol es dir doch selbst!

3) Bringst du
mir ein Bier?

c) Nimm doch
Eisentabletten.

4) Uns ist so
langweilig!

d) Leih dir doch eine von
deinem Freund.

5 Formen Sie die Sätze in die indirekte Rede um. ✹✹

a) Der Gast sagt: „Ich komme aus Südafrika."

Der Gast hat gesagt, er .... aus Südafrika.

b) „Bei uns gibt es auch Wiener Schnitzel."

Der Gast hat gesagt, bei .... es auch Wiener Schnitzel.

c) „Das Essen hat sehr gut geschmeckt."

Der Gast hat gesagt, das Essen .... sehr gut ....

6 Welche Kombinationen passen zusammen? Verbinden Sie. ✹✹

1) Der Chef behauptete nachdrücklich, ...

2) Der Vorsitzende ließ wissen, dass ...

3) Er fragte den Chef, ...

a) ... er die Entscheidung nicht allein treffen könne.

b) ... wie oft er auf Geschäftsreise gehen müsse.

c) ... dass er nichts von der Affäre gewusst habe.

7 Vervollständigen Sie die Sätze in der indirekten Rede. ✳✳✳

a) Ich habe Angie
vor einer Stunde
angerufen.

„Ich bin gerade in die Zeitung vertieft."

Sie sagte, dass ....

....

....

b) Georg ist aus
der Bücherei
zurückgekommen.

„Ich habe eben die Bücher zurückgegeben."

Er berichtete, dass ....

....

....

c) Letzte Woche
habe ich Leon
getroffen.

„Ich werde die Prüfung sicher bestehen."

Er sagte, dass ....

....

....

c) Anneliese war
glücklich.

„Nächstes Jahr werden mein Mann und ich Silberhoch-zeit feiern."

Sie meinte, dass ....

....

....

8 Antworten Sie mit einem verneinten Satz. ✳

a) Bist du krank?

....

....

b) Wohnt ihr in
München?

....

....

c) Bist du verheiratet?

....

....

d) Willst du mitkommen?

....

....

9 Verneinen Sie die Sätze mit ✳✳
„nicht" oder der passenden
Form von „kein".

a) Sandra ist .... erkältet.

b) Wir haben .... Kinder.

c) Tamara wohnt ....
in Kopenhagen.

d) Michaela trinkt ....
Alkohol.

e) Danuta arbeitet ....

f) Peter hat .... Geld.

g) Norman hat .... gute
Laune.

h) Ich spreche noch ....
gut Deutsch

10 Verneinen Sie die Fragen mit den angegebenen Wörtern. ✱✱

noch nie nicht mehr niemand
gar nicht nirgends

a) Wer hat sich denn besonders für die Stelle interessiert?

   Ich glaube, es hat sich .... dafür interessiert.

b) Habt ihr diese Woche Lotto gespielt?

   Lotto? Das haben wir .... gespielt.

c) Wo kann man hier gut Portugiesisch essen?

   Hier kann man .... Portugiesisch essen.

d) Haben Sie noch peruanische Mangos?

   Tut mir leid, die haben wir ....

e) Bist du am Wochenende wieder an die See gefahren?

   Nein, ich bin .... weggefahren. Ich war krank.

11 Welche zweiteilige Verneinung passt in die Lücke?. ✱✱✱

statt ... zu

anstatt dass

weder ... noch

a) .... in die Arbeit .... gehen, blieb Martin auf dem Sofa liegen.

b) Sie blieb lieber zu Hause, ... sie mit mir den Abend verbracht hätte.

c) Mit dir ins Theater gehen? Dazu habe ich .... Zeit .... Lust.

12

Welche Verneinung passt? Tragen Sie den entsprechenden Buchstaben ein. **

1) Hast du so etwas schon einmal gegessen?
2) Weißt du, wie das funktioniert?
3) Wann hast du endlich mal Zeit für mich?
4) Hat jemand für mich angerufen?
5) Wie viele Geschwister hast du?

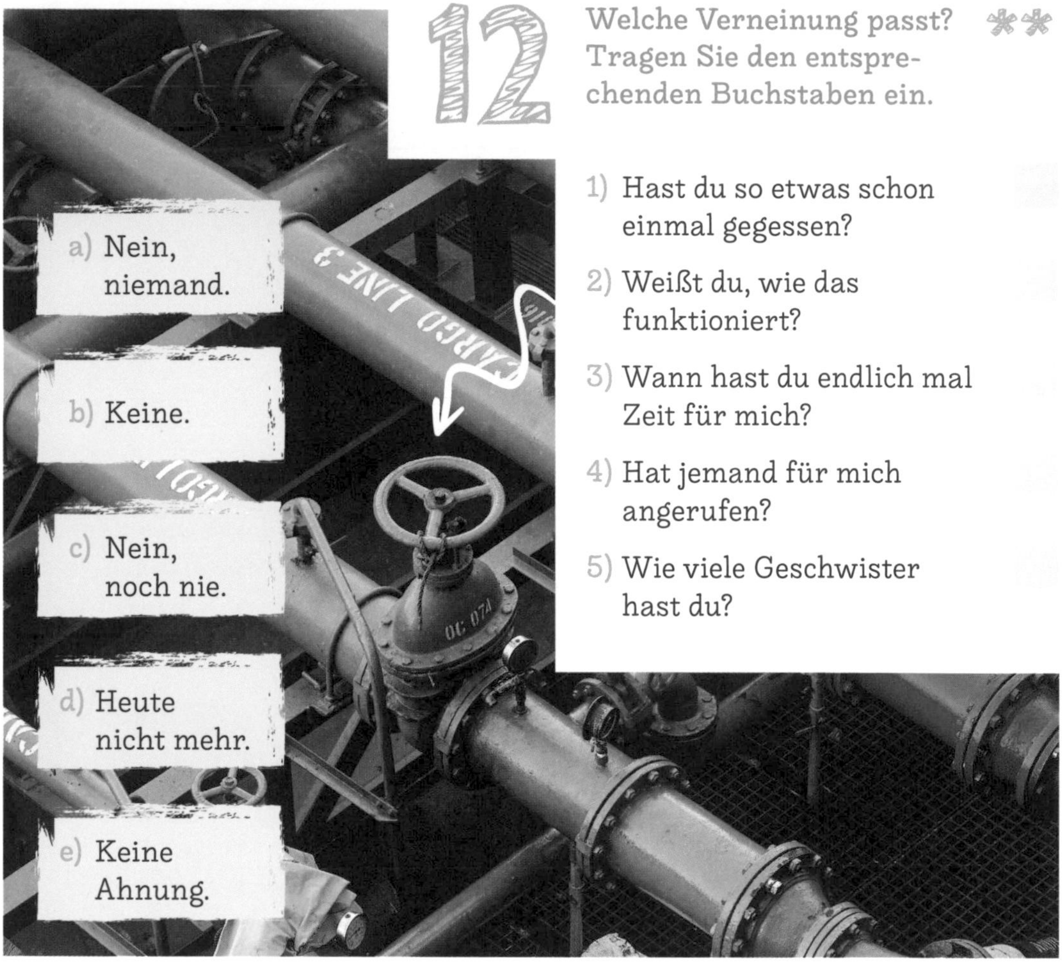

a) Nein, niemand.
b) Keine.
c) Nein, noch nie.
d) Heute nicht mehr.
e) Keine Ahnung.

13

Mit welcher Vorsilbe werden die folgenden Wörter verneint? **

un- in- ir-

a) ......freundlich
b) ......möglich
c) ......effizient
d) ......stabil
e) ......ordentlich
f) ......relevant
g) ......lösbar
h) ......regulär

Bei welchen der folgenden Sätzen ergibt die doppelte Verneinung eine Bejahung? Kreuzen Sie an.

▪ Ein solches Chaos habe ich noch nirgendwo und niemals erlebt.

▪ Das hast du wirklich nicht schlecht gemacht!

▪ Ich habe nicht gefragt und auch keine Antwort bekommen.

▪ Es ist keineswegs unmöglich, den Fluss zu überqueren.

Welches Verb passt zur Beschreibung? Setzen Sie es in der richtigen Form ein.

verpassen verraten verweigern
vergessen ablehnen verbieten

a) Der Zug ist schon abgefahren. Sammy hat ihn ....

b) Ich verstehe nicht, dass Sie mein Angebot ....

c) Die Zeugin macht keine Aussage.

Sie .... die Aussage.

d) Judas hat Jesus ....

e) Ich weiß ihren Namen nicht mehr.

Ich habe ihn ....

f) Die Kinder dürfen nicht fernsehen.

Ihre Eltern .... es ihnen.

Lösungen